Phillip von Senftleben

Die Flirterin

Die besten Tipps für sie

Rowohlt Taschenbuch Verlag

Originalausgabe
Veröffentlicht im Rowohlt Taschenbuch Verlag,
Reinbek bei Hamburg, April 2009
Copyright © 2009 by Rowohlt Verlag GmbH,
Reinbek bei Hamburg
Ein Projekt der STILLER ENTERTAINMENT GmbH
Umschlaggestaltung ZERO Werbeagentur, München
(Abbildung: FinePic®, München; Illustration: Caro Liepins)
Satz aus der Minion, InDesign,
bei Pinkuin Satz und Datentechnik, Berlin
Druck und Bindung CPI – Clausen & Bosse, Leck
Printed in Germany
ISBN 978 3 499 62519 0

Inhaltsverzeichnis

Die Lust am Flirten

Crashkurs Dating

Die Lust
am Flirten

Dressed to kill – Ihr Äußeres aus Männersicht

Liebe Flirterinnen, ich möchte Ihnen um Himmels willen nicht vorschreiben, wie Sie auszusehen haben, bevor Sie sich ins Flirtgetümmel werfen. Ich bin auch kein Modeberater oder Coach für Topmodels. Im Gegenteil – ich spreche als «normaler» Mann zu Ihnen. Um Ihnen die Gedanken zu verraten, die uns Männern beim Anblick von Frauen so durch den Kopf gehen, habe ich Studien gelesen, Befragungen durchgeführt und natürlich auch meine eigenen Erfahrungen eingebracht.

Meinen männlichen Schülern erkläre ich ebenfalls häufig, dass sie es sich viel leichter machen, wenn sie – bei allem Wert, den wir Männer auf Ausstrahlung, Charakter und Charisma legen – eine Tatsache nicht aus den Augen verlieren: Am Anfang steht das Auge!

Denn: Wie sollte ein Flirt überhaupt zustande kommen, wenn wir uns nicht interessiert anschauen? Voranschicken möchte ich natürlich, dass es nicht *den Mann* und genauso wenig *die Frau* gibt. Deshalb heißt es ja auch so schön, dass jedes Töpfchen sein Deckelchen findet und alles Geschmackssache ist. Trotzdem ist es nicht von der Hand zu weisen, dass die meisten Männer vor allem das Weibliche an Frauen fasziniert und umgekehrt natürlich Männer in den Augen sehr vieler Frauen echte Männer sein sollen.

Lassen Sie uns also oberflächlich und daher mit reinen Äußerlichkeiten beginnen. Lernen Sie, sich mit Männeraugen zu betrachten, und machen Sie dann bitte sowieso, was Sie wollen. Zu Ihrem Vergnügen folgt hier jedoch zunächst das Augen-ABC aus der Männerwelt.

Anziehend und abschreckend

1. *Anziehend*

Wie eingangs bereits erwähnt, ist alles, vor allem jedoch die Betonung Ihrer Weiblichkeit anziehend. Einer der wenigen Fehler, die Sie deshalb machen können, ist daher: sich zu verstecken. Wenn Sie aussehen wie ein Neutrum, werden nur jene Männer Sie als Frau wahrnehmen, die Sie kennen und die wissen, dass Sie tatsächlich eine Frau sind.

2. *Abschreckend*

Neudeutsch auch: abturnend. Eigentlich gibt es wenig, mit dem eine schöne Frau einen interessierten Mann in die Flucht schlagen kann. Seit einer weltweit erfolgreichen Telenovela ist allgemein bekannt, dass Männer sich sogar in Frauen mit unvorteilhaften Brillen, Frisuren und Zahnspangen verlieben, wenn sie nach unzähligen Verwicklungen endlich ihr goldenes Herz hinter all den freiwilligen Verunstaltungen entdeckt haben. Bei dieser Herangehensweise müssen Sie allerdings sehr viel Geduld haben und erst einmal einen Mann finden, den Sie täglich von Ihrem wertvollen Inneren überzeugen können.

Hier noch schnell die wichtigsten Details:

Beine

Ihre Beine ziehen uns Männer grundsätzlich in ihren Bann. Dabei sehen die meisten von uns übrigens nicht, ob Ihre Beine in einem Paar sündhaft teuren Designerschuhen enden. Die Investition mehrerer Monatsgehälter in Schuhe tätigen Sie demnach eher für sich selbst und Ihre Geschlechtsgenossinnen. Wir Männer hingegen würdigen weder den Designer noch den Preis Ihres Schuhwerks (es sei denn, wir sind selbst Designer). Dafür begnügen wir uns sehr gern mit hoch und sexy.

Schöne Beine gibt es unserer Ansicht nach übrigens in den verschiedensten Formen und Längen.

Cellulitis

Ein reines Frauenthema und absolut fremdes Terrain für Männer. Viele von uns wissen nicht einmal, was die Frauenzeitschriften damit genau meinen, weil sie dieses Phänomen nie an einer Frau bemerkt haben. Wenn Sie wollen, dass das auch künftig so bleibt, dann sollten Sie dieses Thema totschweigen. Das ist übrigens viel leichter, als eine Glatze zu kaschieren, glauben Sie mir und freuen Sie sich.

Dekolleté

Natürlich schauen wir Männer zuerst auf alles, was Sie haben. Ähem, wir doch nicht! Die Anzahl der Männer, die behaupten, dass ihnen die Größe der Brüste einer Frau egal sei, deckt sich ungefähr mit der Zahl der Frauen, die behaupten, dass es bei Männern nicht auf die Größe ankomme. Wie groß die Dunkelziffer der Lügner(innen) bei dieser Frage ist, kann nicht einmal ich Ihnen sagen.

In einer Hinsicht jedoch können Sie sich sicher sein: In puncto Dekolleté punkten Sie bei Männern auf jeden Fall mit Großzügigkeit.

Echt – exklusiv – einzigartig

Die meisten Männer mögen echte und einzigartige Frauen. Ich kenne niemanden, der nach einem Abklatsch einer prominenten Person sucht. Denn leider werden derartige Versuche fast immer mit dem Zusatz «für Arme» versehen und belächelt. Ich hoffe, dass auch Sie lieber Sie selbst sind als eine Angelina Jolie für Arme. Meist gelten bekannte Frauen als Stilikone, und wenn Sie ihnen die Handtasche nachkaufen, fällt uns Männern das nicht weiter auf. Aber hüten Sie sich davor, zu einer Fälschung zu werden. Barbie-Puppen stehen schon bei kleinen Jungen nicht besonders hoch im Kurs, und daran ändert sich auch nichts, wenn aus den Jungen Männer werden. Eine Frau aus Plastik weckt – wenn überhaupt – nur kurzfristig Interesse.

Schließlich kaufen wir, was wir sehen, und das möchten wir dann auch zu Hause auspacken. Eine Frau, die Mann kaum wiedererkennt, wenn Sie sich nicht ausreichend präparieren konnte (zum Beispiel am Morgen danach), wird als Betrügerin empfunden.

Frisuren

Lange Haare gehören zu den primären Merkmalen, die dem Männerhirn seit Urzeiten das Signal «Frau» übermitteln. Frauen mit kurzen Haaren wissen das ebenfalls, sind jedoch der Meinung, dass sie auch ohne «Mähne» anziehend sind – und haben sehr oft recht damit.

Gang

Gehen Sie davon aus, dass Mann Ihnen hinterherblicken wird. Gehen Sie auch davon aus, dass Ihr Gang sehr viel über Sie aussagt. Viele Frauen legen von Natur aus eine solche Erotik in ihren Gang, dass Männern davon schwindelig wird. Wenn ein solches Exemplar sich beispielsweise seinen Weg durch ein Restaurant bahnt, müssen sich die anwesenden Herren schon extrem bemühen, dem Gespräch mit ihrer Tischpartnerin weiter zu folgen.

Eine Frau mit sexy Gang zeichnet sich dadurch aus, dass sie weiß, wie sie wirkt, sich ihrer Hinteransicht bewusst ist und einen Hüftschwung an den Tag legt, der sie selbst im Astronautenanzug zum hundertprozentigen Vollweib macht. Erinnern Sie sich an den Bossa-Nova-Klassiker vom Girl von Ipanema? Nun, die Gute geht Tag für Tag an den Strand und wird vom schmachtenden Sänger mit Blicken verfolgt. Ich bin mir sicher, dass sie weder watschelt noch eiert und schon gar nicht trampelt. Vielmehr schreitet sie und blickt stolz geradeaus. Vielleicht geht sie sogar barfuß oder trägt nur Badeschuhe, denn sie befindet sich in Brasilien. Wir alle wissen trotzdem (siehe B – wie Beine), dass Männer hohe Absätze nicht so sehr mögen, weil Sie einen Schuhtick haben, sondern weil hohe Absätze immer für einen eleganten Gang (und einen ansehnlichen Hintern) bei Ihnen sorgen.

Hals

Wussten Sie, dass Sie ein einladendes Signal an die Männer in Ihrer Umgebung aussenden, wenn Sie Ihren Nacken freilegen, indem Sie Ihr Haar hochstecken oder beiseiteschieben? Selbst Männer, die das nicht wissen, registrieren diese kleine Geste, denn sie gehört zum nonverbalen Flirtverhalten. Genauso wie übrigens das Berühren und Streichen Ihres Halses oder das Spielen mit Ihrer Kette.

Irritationen

Wie oft wurde ich schon Zeuge schlimmer Urteile, die Frauen über Männer fällten. Träger von Motivsocken oder Comic-Krawatten werden nicht selten eiskalt in die Wüste geschickt. Wussten Sie, dass auch die Damenwelt uns Männer häufig mit fragwürdigen Accessoires irritiert?

Einigen wir uns doch bitte alle auf Folgendes: Mittlerweile gibt es dank häufiger Beschwerden von Frauenseite immer weniger Männer in Boxershorts mit Weihnachtsmännermotiven, und auch die Träger plumper Sprüche auf T-Shirts beschränken ihren Lebensraum auf Orte, an denen sie auf Gleichgesinnte treffen. Tun Sie, verehrte Damen, doch bitte auch etwas für uns, unsere Augen und unsere Phantasie, und nehmen Sie die Plüschbärchen von Ihren Taschen oder Rucksäcken, wenn Sie älter sind als dreizehn. Binden Sie sich ruhig einen Pferdeschwanz oder Zopf, aber bedenken Sie: Eine bewährte Stelle dafür ist Ihr Hinterkopf. Zwei Rattenschwänze rechts und links erinnern an Pippi Langstrumpf: verwegen, frech, minderjährig und ganz bestimmt nicht sexy. Witzige Schuhe, die uns offenbar an Daisy Duck erinnern sollen, flippige Hüte und wild gemusterte Strickwaren, die uns an die Traumata unserer Kindheit gemahnen, haben bei uns ebenfalls den Stellenwert, den bei Ihnen die oben genannten Ausrutscher in der Männermode haben.

Jeans

Es wird Sie kein bisschen überraschen, wenn ich Ihnen mitteile, dass Männer Frauen in engsitzenden Jeans lieben.

Für viele von uns stehen Jeans sogar noch vor Röcken und Kleidern auf der Beliebtheitsskala. (siehe P wie Po)

Warum nun die enge Jeans beliebter ist als die flatternde oder hängende, wissen Sie ganz genau. (siehe ebenfalls P wie Po sowie B wie Beine)

Körpersprache

Wenn Mann Sie als Gesamtkunstwerk wahrnimmt, registriert er sofort alle Ihre Bewegungen. Egal was Sie anhaben, Ihre Körperhaltung, Ihre Gestik und Ihr Gang machen aus Ihnen die stolze Königin, die zarte Elfe, die strenge Chefin oder das sportliche Mädchen.

So wie ein mehrsprachiger Mensch spontan von Deutsch auf Spanisch umschalten kann, können Sie als Flirtprofi Ihre Körpersprache im Nu von lässig oder nachlässig auf sexy schalten. «Lümmeln» Sie zum Beispiel in einem Café, weil Sie Zeitung lesen oder mit einer Freundin plauschen, ändern Sie doch sicher umgehend Ihre Haltung, sobald Mr. Umwerfend den Raum betritt? Das Ganze kostet Sie wenige Sekunden: Schlagen Sie die Beine übereinander, richten Sie sich auf und berühren Sie sich selbst – indem Sie sich zum Beispiel durchs Haar fahren oder sich über Hals oder Ohren streichen. Zeigen Sie, dass Sie ein Mensch sind, der sich selbst liebt, das macht Sie automatisch attraktiv.

Lippen

Ich könnte ein ganzes Buch über Lippen füllen, wäre über schöne, sinnliche Lippen und Münder nicht schon alles geschrieben, gesagt und gesungen worden. Wenn Sie mit einem interessierten Mann flirten, bildet sein Blick laut wissenschaftlichen Studien ein Dreieck. Er schaut Ihnen in die Augen und unbewusst immer wieder auf den Mund. Dort verharrt er dann häufig länger und länger – nicht etwa, weil Sie Krümel im Mundwinkel haben, sondern weil Ihr Mund seine Phantasie anregt. Dass der Bogen der Oberlippe auch als «Amorbogen» bezeichnet wird, sagt eigentlich alles.

Make-up

Lassen Sie mich Ihnen an dieser Stelle wieder eine kurze, knappe Nachricht aus der Männerwelt überbringen: Entweder ein Mann mag Ihr Gesicht, oder er mag es nicht.

Die meisten Männer betonen sogar, dass sie Frauen am liebsten natürlich mögen.

Bitte verzeihen Sie mir, wenn ich an dieser Stelle einen platten Vergleich aus der Gastronomie heranziehe. Wären Frauen Gerichte, so würde sich ein Mann im Restaurant immer für ein naturbelassenes, ehrliches Steak entscheiden und nicht für die vielen kleinen Alibi-Fleischstreifen auf einem überladenen Phantasiesalat.

Ich mag zwar kein Experte in Schminktechniken sein, kann Ihnen aber mit gutem «Männergewissen» raten, es beim ersten Date so dezent und ungekünstelt wie möglich zu halten. Sie wollen schließlich keinen Visagisten von der *Vogue* beeindrucken, sondern einen echten Mann – und die mögen es unverfälscht! (Siehe E wie echt – exklusiv – einzigartig.) Was jetzt nicht heißen soll, dass kleine Verschönerungsarbeiten generell untersagt sind. Sollten Sie der Meinung sein, dass es Sie attraktiver macht, und – was weitaus entscheidender ist – sich dadurch besser fühlen, dann tun Sie's. Aber lassen Sie es um Himmels willen dezent aussehen!

Overdressed

«Überangezogen» wirken Sie immer dann, wenn Sie sich verkleiden.

Frauen sind in der Mehrzahl reflektierte Wesen, die wissen, welche Art Garderobe ihnen steht und welche nicht. Dennoch kommt es besonders beim ersten Rendezvous häufig zu Fehlgriffen, weil allzu ehrgeizige Vorhaben wie «Beim ersten Date möchte ich mich als schönste und verführerischste Frau aller Zeiten präsentieren» regelmäßig in einer mehr oder minder schweren optischen Katastrophe enden.

Wie Sie beim Lesen dieses Abschnitts wieder einmal festgestellt haben dürften, ist es nach wie vor so, dass Ihr Aussehen den meisten Männern gar nicht sexy genug sein kann. Sexy heißt aber, dass Sie sich wohl und sicher fühlen sollten.

Aufmerksamen männlichen Beobachtern fällt übrigens auch auf, wenn Sie sich für ein Rendezvous neu einkleiden. Selbst wenn es Ihr erstes Treffen ist und Ihr Gegenüber Ihren Kleiderschrank gar nicht kennen kann. Ein schlauer Mann erkennt es an der Art, wie Sie sich bewegen. Vielleicht registriert er, dass Sie sich auffällig oft in Spiegeln oder Fensterscheiben betrachten. Einen weiteren unter Männern allgemein bekannten Beweis liefern Ihre häufigen prüfenden Blicke auf Ihre Schuhe (die Ihnen eigentlich hinreichend bekannt sein müssten). Oder man merkt Ihnen an, dass Sie sich noch nicht an Ihre Neuanschaffung gewöhnt haben, weil Sie sich übervorsichtig oder unsicher bewegen.

Da es ihn eigentlich nichts angeht, wie sehr Sie sich für die Verabredung ins Zeug gelegt haben (obwohl es ihm natürlich schmeicheln wird), sollten Sie sich lieber für Ihre bewährte Lieblingsgarderobe entscheiden.

Po

Das Hinterteil wird grundsätzlich öfter angestarrt als der Busen. Hätten Sie am Hinterkopf Augen, würden Sie mir sofort recht geben. Auch dieses Verhalten haben wir Männer übrigens von unseren noch viel behaarteren Vorfahren übernommen. Der Busen hat sich erst zum Blickfang entwickelt, seit wir Menschen aufrecht gehen und miteinander reden. Da es ungemein schwierig ist, mit einer Frau ein Gespräch auf Augenhöhe zu führen und ihr gleichzeitig auf den Hintern zu starren, mussten wir nach einem neuen unterhaltsamen i-Tüpfelchen für unsere Augen suchen, und siehe da: Der Busen bot sich perfekt dafür an.

Sobald wir uns allerdings nicht mit Ihnen über Lyrik, Oper oder Philosophie unterhalten und Sie uns kurz den Rücken zudrehen, verfallen wir sofort wieder in unser altes Muster und starren Ihnen auf den Hintern.

Quantenphysik

Den geheimen Code, den Frauen sich zuweilen von Modezaren einflüstern lassen, ist für viele Männer schwieriger zu verstehen als Quantenphysik. Falls Sie sich gerne in teure, geometrisch anmutende Kunstobjekte hüllen, so wundern Sie sich bitte nicht, wenn Ihr Aussehen nur von Insidern verstanden wird. Sicher werden Sie für diese Kreationen sehr viel Lob in Kunst- und Designkreisen sowie von eingeweihten Frauen ernten. Der «normale» Mann würde an Ihnen jedoch immer das Kleid bevorzugen, das er auf den ersten Blick versteht.

Rock

Wenn Sie wieder einmal (oder mehrere Male) einen Mann fragen, was Sie anziehen sollen, dann konfrontieren Sie ihn bitte nicht mit mehreren komplizierten Kombinationen, sondern erkundigen Sie sich kurz und knapp: «Hose oder Rock?»

In fast allen Fällen wird er Ihnen zum Rock raten (siehe B wie Beine). Sie glauben mir jetzt nicht, weil das zu einfach wäre? Es ist sogar noch einfacher: Wenn es sich bei dem Rock um ein knöchellanges, geblümtes Zelt handelt und bei der Hose um eine Hotpants, wird er selbstverständlich für die Hose votieren. Aber nur, weil Sie ihm diese Zusatzinformationen gegeben haben. Wenn er schlau und ehrlich ist, trifft er gar keine konkrete Entscheidung, sondern sagt einfach nur: «Sexy.»

Daraufhin werden Sie ihm dann an den Kopf werfen, dass er Ihnen keine Hilfe sei, und schon befinden wir uns in einem der klassischsten Frau-Mann-Dialoge überhaupt …

Strümpfe

Da wir selten ein Hehl daraus machen, wie einfach wir gestrickt sind, werden Sie sicher bereits wissen, dass der Prozentsatz an Männern, die Strümpfe aufregender finden als Strumpfhosen, ungefähr so hoch ist wie der Prozentsatz an Kindern, die lieber Eis essen als Harzer Käse.

Sollten Sie beim Stichwort «einfach gestrickt» an handgestrickte Strümpfe oder Socken denken, muss ich Sie leider enttäuschen: Ich meine vielmehr die hauchzarten Dinger, die auf der oberen Hälfte Ihres Oberschenkels enden.

Taille

Ihre Taille gehört zu den primären Blickfängern, auf die Mutter Natur uns Männer programmiert hat. Sie sorgt für eine Silhouette, die wir als attraktiv wahrnehmen, denn sie gibt uns zu verstehen, dass wir es hier mit einer echten Frau zu tun haben. Eine proportional schmale Taille erlaubt ihrer Trägerin übrigens, darüber (Busen) und darunter (Becken) sehr ausladend zu sein. Ob schmaler oder breiter – die Form einer Sanduhr ist die eindeutig weibliche, vergleichbar mit dem v-förmigen Oberkörper beim Vorzeigemann.

Unterwäsche

In der Flirtphase kann ein Mann nur spekulieren, was Sie darunter tragen – es sei denn, Sie flirten mit Ihrem Arzt oder tragen eine durchsichtige Bluse. Ich tendiere ja zu der Ansicht, dass schöne und aufregende Unterwäsche vor allem dazu dient, der Trägerin das Gefühl zu vermitteln, sie wäre eine Sexgöttin. Denn daraufhin bewegt sie sich anders, fühlt sich anders, flirtet anders. Allein dafür lohnt sich jeder Gedanke an und jeder Euro für das, was Sie drunter tragen.

Verrückt

Siehe auch I wie Irritationen

Wandlungsfähig

Für die meisten Männer ist es sehr aufregend, sich eine Frau in einem anderen Kleidungsstil vorzustellen. Richtig spannend wird es, wenn die Frau das auch noch locker kann. Prüfen Sie bei «neuen» Männern ruhig mal diesen Effekt: Er lernt Sie in Jeans kennen, also erscheinen Sie beim ersten Treffen in einem eleganten Kleid. Oder er lernt Sie in Uniform kennen –

Sie treffen ihn wieder und zeigen sich nun von ihrer privat-legeren Seite.

X-Beine

X-Beine gehören zu den Eigenschaften, die bei Frauen sehr sexy wirken können, bei Männern dagegen fast nie. Machen Sie sich also deshalb keine Sorgen und zeigen Sie trotzdem Bein.

Y-Chromosom

Das Y-Chromosom ist jenes Chromosom, das wir Männer haben und das Sie nicht brauchen. Diese Tatsache sollte auf den ersten Blick erkennbar sein. Wenn Sie in derben Schuhen, weiten Holzfällerhemden und Latzhosen auf die Pirsch gehen, wird Mann Sie zwar trotzdem lieben. In den meisten Fällen aber als Kumpel, quasi als Träger des Y-Chromosoms.

Zähne

Frauen und Männer schauen beim Flirten instinktiv auf die Zähne Ihres Gegenübers. Ein schönes Gebiss suggeriert Gesundheit und Kraft – beides Attribute, die wichtig sind, wenn es um die Paarung und damit Fortpflanzung geht. Abgesehen davon sehen gepflegte Zähne sehr schön aus. Eine spezielle Zahnstellung, die ein bisschen von der Norm abweicht, wird häufig als erotisch wahrgenommen und nur von perfektionistischen Kieferorthopäden bemängelt. Wenn Sie also spitze Eckzähne oder eine kleine Lücke zwischen den Schneidezähnen haben, werden diese Merkmale ganz sicher auf Begeisterung stoßen.

Geeignete Orte und Flirtstrategien

Meine Damen, Sie wissen es bereits: Flirten kann man überall!

Wie bei vielen anderen Tätigkeiten ist es auch beim Flirten so, dass die Übung Sie zur Meisterin werden lässt. Probieren Sie es deshalb auch überall, egal ob ein Ort nun als Flirt-Eldorado gilt oder nicht. Sie werden feststellen, dass es oft sogar prickelnder ist, an scheinbar harmlosen Orten des Alltags zu flirten. Reservieren Sie Ihre Blicke und Ihr Lächeln nicht für besondere Events, die Sie als besonders «flirty» einstufen, sondern gehen Sie offen durchs Leben.

Wo es am besten klappt und warum, erfahren Sie gleich hier:

Die Bar

Der Klassiker schlechthin. Männer, die sich hier nicht gerne von Ihnen anflirten lassen, sind entweder frisch verliebt oder an Frauen nicht interessiert. Sollte das auf alle Anwesenden zutreffen, befinden Sie sich in der falschen Bar.

Ich hoffe, Sie haben gut gewählt und amüsieren sich in einer Lokalität mit guter Karte, netter Atmosphäre und angenehmen Gästen.

 *Strategien*

Die Suchende

Sehen Sie sich erst prüfend in der Bar um, dann auf Ihre Uhr. Taxieren Sie die anwesenden Männer anschließend erneut, denn da Sie offensichtlich jemanden suchen, ist das ein völlig natürliches Verhalten. Gefällt Ihnen ein Mann, können Sie auch ein Stück näher kommen und ihn kurz genauer betrachten, bevor Sie sich für die kleine Verwechslung entschuldigen.

Wie Sie als kluge Frau sicher bereits gemerkt haben, dient dieser Trick dazu, sich ungeniert einen Überblick über die potenziellen Flirtopfer zu verschaffen, aber auch um wahrgenommen zu werden. Aha!, denken die Jungs sich jetzt, hier ist gerade eine Frau aufgetaucht. So einfach ist das.

Nachdem Sie die Bar ordentlich gescannt haben, ist Ihnen sicher auch schon der strategisch günstigste Platz aufgefallen, auf dem Sie sich jetzt niederlassen und ein Getränk bestellen werden. Dabei sehen Sie sich weiter um, treten zwischendurch immer wieder in Blickkontakt und spähen ab und zu auf Ihre Uhr. Ein Thema für einen Einstieg haben Sie damit auch bereits, nämlich die Frage, ob Sie hier auch wirklich richtig sind, denn eigentlich müsste Ihre Begleitung längst da sein. Wenn Sie noch zögern, dann üben Sie erst mal mit dem Barmann.

Die Mysteriöse

Männer finden Sie schneller geheimnisvoll, als Sie denken. Oft reicht es schon, wenn Sie allein an einer Bar sitzen und sich dabei sichtlich wohlfühlen. Sollten Sie also tatsächlich auf jemanden warten, dann tun Sie einfach so, als wären Sie allein unterwegs. Bestellen Sie sich ein Getränk und genießen

Sie es, als wäre das einsame Trinken Ihr Hobby. Lesen Sie eine Zeitung oder sehen Sie sich nachdenklich um. Nehmen Sie Blickkontakt zu Männern auf und versinken Sie anschließend wieder in Ihre Zeitung, Ihren Laptop oder Ihr Buch.

Der Mann wird sich jetzt fragen, ob Sie ihn gerade taxiert oder einfach nur durch ihn hindurchgesehen haben. Beim nächsten Mal blicken Sie dann auf, aber nicht in seine Augen, sondern zum Beispiel aus dem Fenster. Erst beim dritten Mal landet Ihr Blick wieder auf ihm. Diesmal etwas vertrauter, vielleicht sogar begleitet von einem zaghaften Lächeln.

Die Offene

Wenn Sie in Flirtlaune sind, was ich stark hoffen möchte, dann lassen Sie keine Gelegenheit aus und werden Sie zur wandelnden Flirterin. Lächeln Sie den einen an, wenn Sie zur Toilette stolzieren, und den anderen, wenn Sie zurück-kommen. Grinsen Sie dem Barmann verschmitzt zu und fragen Sie Ihren Nebenmann nach dem Namen seines Drinks (natürlich nur, wenn es sich nicht erkennbar um Wein oder Bier handelt). Sie werden sehen, dass Sie ruck, zuck in ein Gespräch verwickelt sind, wenn Sie so offen und fröhlich mit den Barbesuchern umgehen.

So introvertiert manche Menschen auf den ersten Blick auch wirken mögen: Es gibt keinen Laden auf dieser Welt, in dem nur Menschen sitzen, die ihre Ruhe haben wollen. Die bleiben nämlich in der Regel zu Hause.

Tanzveranstaltungen und Diskotheken

Wenn Sie gerne tanzen, werden Ihre Flirtopfer nicht lange auf sich warten lassen. Außerdem sind Tanzlokale aller Art Orte, an denen die Besucher allein durch ihre Anwesenheit zu verstehen geben, dass sie sich amüsieren wollen. Während Sie im Büro, Baumarkt oder Flugzeug auf viele Männer treffen werden, die tatsächlich mit etwas anderem beschäftigt sind, werden die hier Anwesenden nicht überrascht sein, wenn sie in ein paar strahlende Augen blicken.

Sicher ist aber, dass sie erfreut sein werden. Demnach sind Partys, Clubs und Diskotheken Orte, die sich für alle Flirtstrategien besonders gut eignen. Das gilt sogar für lange und prickelnde Gespräche, denn bei der Lautstärke kommen Sie sich hervorragend nahe oder haben einen guten Grund, sich zu zweit eine ruhige Ecke zu suchen.

Strategien

Tanzen

Wenn Sie gut tanzen können, setzen Sie damit Zeichen. Sie wirken anziehend auf die anwesenden Männer und sind gleichzeitig mit sich selbst beschäftigt – eine herrliche und ungemein erotische Kombination. Außerdem zeigen Sie, dass Sie eine sinnliche Frau sind, die das Leben liebt. Dabei brauchen Sie sich keinen Gesprächseinstieg zu überlegen, sondern nur Blickkontakt zu suchen, denn garantiert wird der eine oder andere Mann Sie mustern. Da Sie sich bewegen, werden Sie es auf einer vollen Tanzfläche sehr leicht haben, das beliebte Spiel zu spielen: hinschauen – wegschauen – hinschauen – wegschauen – hinschauen und lächeln.

Zufällig auf Tuchfühlung

Es ist voll, und Sie müssen mitten durchs Gedränge. Dabei haben Sie zwei Möglichkeiten: Sie weichen den anderen aus, oder Sie nutzen die Gelegenheit, indem Sie sich an den von Ihnen ins Visier genommenen Männern ganz besonders nett vorbeischieben. Wenn Sie dies mit einer sanften Berührung und einer netten Entschuldigung tun, wird Mann Sie auf dem Rückweg ganz besonders beachten – oder vielleicht sogar ansprechen. Die zufällig wirkende Berührung vor dem Gespräch gibt ein positives Signal, lässt den Mann achtsam werden und versetzt ihn in Jagdstimmung.

Kulturveranstaltungen

Auf Vernissagen, Konzerten oder in Ausstellungen haben Sie den wunderbaren Vorteil, dass Sie Menschen begegnen, die sich in diesem Moment für die gleiche Sache interessieren wie Sie. Das verbindet und lässt häufig ein angenehmes Zusammengehörigkeitsgefühl entstehen. Auf Gleichgesinnte zu treffen erleichtert außerdem auch zurückhaltenden Menschen die Kontaktaufnahme. Ob die Veranstaltung nun eine Enttäuschung ist oder zur Legende wird, tut nichts zur Sache – Menschen gehen aus Euphorie oder auch in Krisensituationen eher aufeinander zu als im tristen Alltag.

Strategien
Die Interessierte

Ein harmloser und für Sie unverfänglicher Weg wäre zum Beispiel, interessierte Fragen zu stellen. Da wir Männer wissen, dass wir selbst nur im Notfall um Hilfe bitten, Frauen hingegen viel lieber fragen, als selbst den Weg, die Toilette, die Garderobe oder den Ausgang zu suchen, sind wir grundsätzlich gern bereit, Ihnen zu helfen.

Auf Kulturveranstaltungen freuen sich die Anwesenden zudem sehr häufig, Ihnen ihre differenzierte Meinung mitzuteilen – wenn Sie darum bitten.

Das böse Mädchen

Mein absoluter Liebling unter den bösen Mädchen, meine langjährige Freundin A., erobert Männerherzen im Sturm, indem sie immer und überall gegen die Langeweile kämpft. Das macht sie zum aufregenden Mittelpunkt, zur verschmitzten Komplizin und oft auch zur größten Attraktion. Ganz besonders dann, wenn es sich um eine eher langweilige Veranstaltung handelt. A. entdeckt dann schon mal einen Raum, der bis dahin verschlossen war, entlockt dem Galeristen Champagner statt Wein oder hat eine Idee, wie man der Langeweile entkommen könnte, indem sie die beste Idee für ein Alternativprogramm zu bieten hat.

Was sagt uns das? Dass man auf nicht gelungenen Veranstaltungen oft noch besser ins Gespräch kommt als sonst, weil man sich gegen die Langeweile verbünden muss. Gehen Sie also ruhig vor die Tür zu den Rauchern, wenn es Ihnen drinnen nicht gefällt, und suchen Sie nach immer mehr Verbündeten.

Im Fitnessstudio

An diesem Ort wimmelt es nur so von Männern. Sollten Sie hier nur sehr verhalten oder gar nicht angeflirtet werden, liegt das daran, dass die Gentlemen Angst haben, als aufdringlich zu gelten. Wenn es jemanden gibt, von dem Sie sich gerne ein bisschen bestaunen und anflirten lassen würden, müssen Sie ihm erst grünes Licht geben. Denn bei forscher Eigeninitiative befürchtet der Sportsfreund eventuell, dass Sie sich über ihn wegen sexueller Belästigung bei der Studioleitung beschweren.

Strategien
Frech: der Bodycheck

Männer, die sich fit halten, möchten nicht nur gesund und stark bleiben, sondern Ihnen auch gefallen. Einige tun zwar zu viel des Guten, aber in der Regel ziehen selbst die tolerantesten Frauen einen gestählten Körper einem schlaffen vor. Denken Sie nur mal an die anerkennenden Blicke, die Männer gutgebauten Frauen zuwerfen. Drehen Sie den Spieß also ruhig um und schauen Sie sich ungeniert in Ihrem Fitnessstudio um. Wenn Ihr Blick von einem besonders schönen Bizeps in das dazugehörige Augenpaar und wieder zurück auf den Muskel wandert, wird der Besitzer ziemlich schnell registrieren, dass Sie ihn beobachten. Das wird ihn anspornen und vielleicht auch ein bisschen verlegen machen. Trauen Sie sich!

Für die meisten Männer ist es eine sehr interessante Erfahrung, auch einmal unverhohlen «abgecheckt» zu werden. Dieses Gefühl kennen sonst nur Frauen. Widmen Sie sich zwischendurch immer wieder Ihrem Trainingsprogramm, aber seien Sie sich sicher, dass Ihr Flirtopfer sich jetzt viel weniger auf seine Sportgeräte konzentrieren kann als vor Ihren abschätzenden Blicken.

Vielleicht haben Sie ihn auch derart aus dem Konzept gebracht, dass er sich nun vor Ihnen präsentieren will. Etwa indem er plötzlich viel härter trainiert oder darauf achtet, so schnell wie möglich wieder in Ihrem Blickfeld agieren zu können.

Das Prickelnde an diesem Spiel ist, dass Sie sich an einem Ort des Körperkults befinden. Diese Tatsache fordert Sie regelrecht dazu heraus, einen Mann ausnahmsweise einmal auf seinen Körper zu reduzieren. Haben Sie kein schlechtes Gewissen, dabei sexistisch zu denken und nur das zu betrachten, was Ihnen gefällt. Den Rest können Sie später immer noch bei einem Fitnessgetränk klären. Sie wissen ja, dass Männer sich Frauen oft genug in dieser Reihenfolge nähern. Warum also sollten Sie sich zuerst mit den inneren Werten eines Mannes beschäftigen?

Frecher: allein unter Männern

Wenn Sie sich einmal fühlen wollen wie eine Frau, die allein mit einer Horde Männer auf einer einsamen Insel gestrandet ist, dann passen Sie eine Uhrzeit ab, zu der in Ihrem Fitnessstudio nur ein paar schwere Jungs an den Geräten schuften.

Sie werden sich garantiert anders fühlen als der einzige Mann unter Frauen in einem Volkshochschulkurs. Denn hier geht es nicht um Blumengestecke, Keramik oder Batik, hier können Sie das Testosteron in der Luft förmlich greifen. Ich gebe zu, es ist ziemlich mutig, sich auf derart männliches Terrain zu begeben, aber ich verspreche Ihnen, dass Sie auf große Beachtung stoßen werden. Sie als einzige Frau im Raum zu ignorieren ist den Männern quasi nicht möglich.

Um nicht zu wirken, als hätten Sie sich von der Venus auf den Mars verirrt, sollten Sie sich jedoch auf jeden Fall auch sportlich betätigen. Konzentrieren Sie sich nicht auf einen speziellen Mann, sondern machen Sie die Sportsfreunde abwechselnd zu Ihren Assistenten. Lassen Sie sich zum Beispiel die Geräte erklären und einstellen. Ein Mann, der nach absolvierter Trainingseinheit die Anzahl der Gewichte für Sie verringern darf, fühlt sich sofort in seiner Männlichkeit geschmeichelt, das garantiere ich Ihnen!

Bau- und Elektronikmärkte

Für viele männliche Wesen sind diese Orte das, was für die meisten Frauen Kaufhäuser und Boutiquen sind. Sie bewegen sich sicher, interessiert und kaufen in aller Regel Dinge, ohne die sie durchaus sehr gut überleben könnten, was sie aber nicht wollen.

Strategien
Klassisch: Sie suchen Hilfe

Haben Sie keine Angst, Klischees zu erfüllen. Klischees haben durchaus ihre Berechtigung und helfen uns, die Welt besser zu verstehen. Wenn ein Mann von Ihnen denkt, dass Sie sich lieber mit Nagellack als mit Heizungsfarbe beschäftigen, und damit richtigliegt, seien Sie ihm nicht böse. Schließlich wissen auch Sie, dass der Mann sich sehr wohl über die neuesten Make-up- und Frisurentrends informieren könnte, es aber nicht tut, weil er nicht will.

So lässt einer dem anderen seine unterschiedlichen Interessen und beobachtet sie wohlwollend und schmunzelnd.

Kein Mann wird Sie für unselbständig oder unemanzipiert halten, nur weil Sie ihm eine Frage in puncto Technik oder Handwerk stellen. Allein die Tatsache, dass Sie sich in einem dieser Märkte bewegen, beweist, dass Sie kein Heimchen am Herd sind, sondern mitten im Leben stehen. Stellen Sie ruhig Fragen und lassen Sie sich helfen – natürlich immer mit dem Gedanken im Hinterkopf, dass Männer es lieben, Ihr Held zu sein. Testen Sie Ihre Flirtkompetenz und warten Sie nicht ab, bis Ihr Traumprinz vor Ihnen steht, sondern stürzen Sie sich ins Heimwerkergetümmel.

Wenn Sie mit Sätzen wie: «Ich brauche Ihren Rat!», «Würden Sie mich bitte kurz retten?» oder «Sie sehen so kompetent aus, arbeiten Sie hier?» einsteigen, wird es kaum einen Mann geben, der sich nicht gerne und sofort Ihnen und Ihrem Problem widmet.

Emanzipiert: Sie haben Ahnung und fachsimpeln

Falls Sie nicht zu den technikscheuen Frauen gehören, dann zeigen Sie es ruhig. Viele Männer neigen dazu, Ihnen trotzdem die Details so erklären zu wollen, als wären Sie gerade einer Zeitmaschine aus dem Jahr 1870 entstiegen. Gehen Sie lachend darüber hinweg, wenn man Sie unterschätzt.

Wenn Sie in der glücklichen Lage sind, sich weder als Heimwerkerin betätigen zu müssen noch neue Gerätschaften zu brauchen, gehen Sie einfach in die CD- und DVD-Abteilungen in den Elektronikmärkten. Auch in der Abteilung für Unterhaltungselektronik ist die Männerquote ausgesprochen hoch.

Stilvoll: Appellieren Sie an den Gentleman

Sie haben bereits bewiesen, wie selbständig und aktiv Sie durchs Leben gehen, indem Sie allein im Heimwerker-, Elektro- oder Möbelparadies einkaufen waren. Wenn Sie in Flirtlaune sind und es sich zudem ein bisschen leichter machen wollen, fordern Sie die Kavaliere ruhig heraus, Ihnen ein bisschen unter die Arme zu greifen.

Ich selbst habe mich schon mehrmals entführen lassen und erst in der Wohnung der Schönen registriert, dass ich gerade gekidnapped wurde. Erst dachte ich, es könne nicht angehen, dass sich eine zarte Frau so offensichtlich vor meinen Augen mit schwerer Ware abmüht. Also sprang ich als Gentleman herbei und lud ihr ihre Einkäufe in den Kofferraum. Ich packte um, klappte Rückbänke um, schob und zog, bis das Auto perfekt beladen war.

Damit aber nicht genug: Da ich mir die Sorgen einer Dame nun mal aufgeladen hatte, musste ich natürlich auch noch dafür sorgen, dass die Geschichte gut ausging (für sie und für mich, versteht sich). In einem Fall landete ich erst mit einem Schraubenzieher in ihrem Schlafzimmer und blieb auch, als das neue Bett endlich stand. Beim zweiten Mal war mir klar, dass die Dame eine Meisterin ihres Fachs ist. Denn nachdem ich ihr eine gefühlte Tonne Material aus dem Baumarkt in die Wohnung getragen hatte, begrüßte mich dort ihr netter Mann, der es sicher sehr zu schätzen wusste, dass seine Süße sich selbst half und nicht auf ihn angewiesen war. Schließlich wimmelt es auf Parkplätzen ja nur so von Kavalieren. Also, probieren Sie es aus, meine Damen.

Flirten im Alltag

Nicht nur auf der Straße, auch im Park, im Fahrstuhl, auf dem Flur einer Behörde oder im Straßenverkehr ist Ihre Spontaneität gefragt. So können Sie in Ihrer Stammkneipe, im Büro oder beim Sport mit etwas Glück Ihr Flirtopfer mehrmals pro Woche sehen. Auf der Straße hingegen gehen wir aneinander vorbei und sehen uns nur flüchtig an. Wie oft habe ich schon von Frauen gehört, sie seien ihrem Traummann begegnet – sein Aussehen und sein Blick habe es ihnen verraten. Ja, er war es – nur leider hatten sie jedoch nicht den Mut, den Prinzen anzusprechen. Nun ist an einem so wenig konkreten Ort wie einer Straßenkreuzung in einer Großstadt die Möglichkeit, dass man sich wiedersieht, denkbar gering. Sie sollten also zugreifen – besonders wenn Sie meinen, das Schicksal habe Ihnen tatsächlich jemanden vorbeigeschickt. Denn die meisten Menschen glauben an die Liebe auf den ersten Blick und die Tatsache, dass sie (die Liebe) uns irgendwann eiskalt erwischt. Und zwar in aller Regel in einem Moment und an einem Ort, wo wir nicht mit ihr gerechnet hätten.

Strategien
Die Draufgängerin
Werfen Sie alle Bedenken über Bord, denn Sie haben keine Zeit!

Sehen Sie es mal so: Im Grunde kann Ihnen nichts passieren. Viel weniger als zum Beispiel im Büro oder auf einem privaten Fest. Dort müssten Sie im Falle eines Korbes am Ort Ihrer eventuellen Blamage nämlich verweilen und demjenigen, der Sie verschmäht hat, womöglich auch noch künftig begegnen.

Wenn dagegen ein Unbekannter auf der Straße oder im Park nicht wie gewünscht auf Sie reagiert, gehen Sie einfach weiter und vergessen ihn sofort wieder.

Flirten Sie, was das Zeug hält, lautet also die Devise. Der vielversprechende Unbekannte kann nicht wissen, ob Sie diese Masche mehrmals täglich einsetzen oder ob er eine Ausnahme ist. Offen angemacht zu werden ist für viele Menschen (und für Männer mehr als für Frauen) ein nicht alltägliches Erlebnis. So wird sein Tag zu etwas Besonderem. Vielleicht bleiben Sie ihm ja genau deshalb im Gedächtnis.

Bedenken Sie: **Die meisten Männer sind extrem eitel. Nutzen Sie diese Tatsache ruhig schamlos aus!**

Bekunden Sie also Ihr Gefallen. Drehen Sie den Spieß mal um und pfeifen Sie ihm zum Beispiel hinterher. Kaum ein Mann wird darauf nicht reagieren. Sicher wird er Ihnen nach einem anerkennenden Pfiff oder «Wow!» nicht sofort einen Heiratsantrag machen, aber seine Neugier ist geweckt, und er wird Sie nun ebenfalls in Augenschein nehmen.

Rechnen Sie damit, daraufhin angesprochen zu werden, und mutieren Sie dann nicht von der kecken Pfeiferin zur schüchternen Maus. Fragt der appetitliche Zeitgenosse Sie jetzt zum Beispiel: «Galt das eben mir?», dann blicken Sie nicht errötend zu Boden, sondern antworten frech: «Na klar. Oder siehst du hier sonst noch jemanden, der mein Pfeifen verdient hätte?» Der offensiven Bekundung, dass er gut ankommt und gefällt, kann kaum ein Mann widerstehen.

Da Sie sich bei dieser Methode sehr forsch ins Leben stürzen, können Sie natürlich nicht wissen, in welcher Situation sich der Mann gerade befindet. Gehen Sie deshalb sehr locker und gelassen mit dem Wort «Erfolg» um.

Erfolg bedeutet bei dieser Strategie, dass Sie das Flirtspiel begonnen und einen attraktiven Mann angeflirtet haben, anstatt ihm nur verstohlen hinterherzuschielen. Das genügt fürs Erste, ist für Sie eine perfekte Flirtübung und macht unter Garantie Ihr Leben interessanter. Das gilt auch für das Leben Ihres Flirtobjekts, denn egal ob er gerade auf dem Weg zu der Hochzeit mit einer anderen, frisch verliebt oder an Frauen nicht interessiert ist – positive Reaktionen schmeicheln jedem Menschen.

Wenn Ihr netter, kleiner Straßenflirt sich also nicht zu einer längeren Geschichte entwickelt, bleiben Sie gut gelaunt und wenden Sie sich alsbald dem nächsten Kandidaten zu.

Die charmante Lügnerin

In der Liebe und im Krieg ist alles erlaubt – kennen Sie diesen Spruch? Gut. Denn ich möchte Ihnen hiermit beim Flirten ausdrücklich das Lügen erlauben. Der Umgang mit kleinen Unwahrheiten, die niemand nachprüfen kann und will, schadet niemandem, erleichtert Ihnen aber den Flirteinstieg bei fremden Menschen ungemein.

Lassen Sie Ihrer Phantasie freien Lauf, und Sie werden feststellen, dass Sie immer eine Frage oder ein Anliegen finden werden.

Tipp 1: **Greifen Sie ruhig zur Standardanmache Fragen Sie nach Stiften, Uhrzeiten, Orten, Wegen oder nach Dingen, die Ihnen auffallen. Das ist einfach, überhaupt nicht neu und klappt trotzdem immer.**

Tipp 2: **Nur Mut – niemand kann Ihnen nachweisen, dass Sie tricksen**

Ein wirklich toller Mann geht an Ihnen vorbei. Sie aber sind nicht der Typ Frau, der jemandem hinterherpfeift, und müssen kurz überlegen. Gehen Sie zurück und tippen Sie ihm auf die Schulter. Wenn er sich umdreht, strahlen Sie ihn an. «Thomas?» Sie haben ihn mit jemandem verwechselt, das begreift jetzt auch er. Entschuldigen Sie sich überschwänglich und sagen Sie ihm scherzhaft, Sie hätten sich schon gefragt, seit wann Ihr alter Bekannter «Thomas» so gut aussehe.

Erobern lassen – die besten Tricks für die Sammlerin

Ich nenne Sie jetzt einfach mal Sammlerin, weil ich Sie als Sammlerin von Herzen, Telefonnummern und schönen Erlebnissen vor mir sehe. Und weil Sie sich für die klassische Rollenverteilung entschieden haben und das Jagen den Männern überlassen wollen. Er ist der Jäger, Sie sind die Sammlerin.

Sie wissen es, meine Damen: Wir Männer möchten erobern.

Das heißt allerdings nicht, dass wir es nicht auch schätzen, wenn Frauen sich trauen. Wie schon erwähnt, träumen die meisten Männer sogar von Frauen, die den ersten Schritt tun.

Scheuen Sie sich also nicht davor, denn Sie müssen dafür sehr wenig tun. Sie eröffnen das Spiel und überlassen den zweiten Schritt Ihrem auserwählten Mitspieler. Sobald Sie sein Begehren geschürt haben, wird er nichts lieber wollen, als Sie zu erobern. Das Schöne daran ist, dass sich das Kräfteverhältnis bei diesem Spiel in einer natürlichen Balance befindet. Es gibt dabei grundsätzlich zwei Gewinner, und jede Partei ist auf einmalige Art und Weise der Meinung, die Oberhand zu haben. Gibt es einen schöneren Kampf als diesen?

Aus männlicher Perspektive sieht dieses uralte und nach wie vor aktuelle Spiel so aus:

Ich nehme mein Flirtopfer ins Visier und stürze mich in den Kampf. Los lasse ich erst wieder, wenn ich die Beute erlegt habe. Dann habe ich gewonnen!

Aus weiblicher Sicht haben Sie genauso viel Kraft und Macht, wenn nicht sogar die Überhand, denn Sie sollten dieses Spiel so betrachten:

Ich locke ihn, er beißt an. Ich locke weiter, und er legt sich ins Zeug. Ich gebe ihm ein bisschen, und er will noch mehr. Er bekommt ein bisschen mehr und will alles. Ob und wann er das bekommt, bestimme ich. Gewonnen!

Was Sie unbedingt tun sollten

Sieben Mal lockt das Weib

Der Titel dieses Films von Vittorio de Sica eignet sich hervorragend, um Ihnen eine Eselsbrücke zum Thema «erobern lassen» zu bauen: Es geht nicht um die Story dieses Films, der im Übrigen äußerst sehenswert ist, sondern darum, dass Sie locken und Zeit haben. Glauben Sie mir: Interessierte Männer werden zu brennend interessierten Männern, wenn Sie mehrere Anläufe brauchen, um bei Ihnen zu landen. Sie als das Objekt, dem Mann hinterherjagen soll, müssen dabei nicht viel tun, trotzdem fällt die wichtigste Aufgabe wieder einmal Ihnen als Frau zu. Genießen Sie es, denn Ihr Part besteht einzig und allein darin, die Jagdsaison zu eröffnen.

Wenn Sie gar nichts tun, bieten Sie dem Jäger kein Ziel. Vielleicht ist es Ihnen schon mal passiert, dass ein potenzieller Interessent sich auf einer Party mit vielen interessanten Frauen einer anderen zugewandt hat und Sie sich später gefragt haben, warum. Dafür gibt es die verschiedensten

Gründe – aber der häufigste ist folgender: Die Frau, um die sich der Mann letztendlich bemühte, hat ihm zu verstehen gegeben, dass er das auch darf. Es gibt Männer, die jede Frau ansprechen – egal in welcher Situation und Begleitung sie sich befindet, ob sie freundlich schaut, abwesend wirkt oder gar in Eile ist. Manche von uns sind eben ständig auf der Jagd.

Alle anderen – und das sind die meisten – brauchen aber einen winzigen Hinweis von Ihnen, bevor sie sich trauen, sich ins Zeug zu legen.

Locken Sie also!

Oft reicht schon ein interessierter Blick. Da die meisten Männer weniger anerkennende Blicke ernten als Frauen, werden Sie damit auf jeden Fall viele Männer «wachschauen».

Dafür müssen Sie weder zwinkern noch klimpern. Mustern Sie ihn anfangs einfach nur konzentriert.

Der Fesselblick

Befinden Sie sich in Begleitung und sind trotzdem bereit für einen Flirt, dann lassen Sie sich die Gelegenheit nicht entgehen. Vermeiden Sie es, am nächsten Tag zu denken, Sie hätten den Mann Ihres Lebens treffen können, sofern nicht Ihre Mutter, Ihre Freundin oder Ihr Kollege dabei gewesen wäre. Wenn Sie mit ahnungslosen Flirtbremsen unterwegs sind und auf einen besonders aufregenden Mann treffen, dann flirten Sie drauflos. Sollte es nicht möglich sein, Ihre Begleiter einzuweihen, lassen Sie die Kommunikation nur über Blicke laufen und erhöhen Sie stufenweise die Frequenz des Hinschauens. Diese Methode ist sehr aufregend für Ihren Flirtpartner: Er empfängt das Signal, dass Sie ihn beachten, obwohl Sie in Begleitung sind, und Sie beide haben bereits Ihr erstes Geheimnis.

Vorsicht: **Weisen Sie Ihre Begleitung nicht auf Ihren Anflirter hin**

Eine neugierige Freundin, die sich umdreht und ihn mustert, um anschließend mit Ihnen über den interessierten Mann zu kichern, wird ihn garantiert vergraulen. So zerstören Sie die nonverbale und äußerst aufregende Komplizenschaft, die Sie beide bereits miteinander aufgebaut haben.

Tipp 1: **Tanzen Sie auf zwei Hochzeiten**

Während Sie sich angeregt unterhalten, sind Sie abwechselnd auf Ihre Begleitung konzentriert und lassen dann wieder einen kleinen Blick in die Richtung Ihres Flirtopfers fallen. Ab und zu schicken Sie den Hauch eines Lächelns hinterher – so geschickt, dass er raten muss, ob Sie ihn anlächeln oder Ihr Gegenüber. Dieser Trick eignet sich auch ausgezeichnet, wenn Sie alleine unterwegs sind und telefonieren. Fokussieren Sie kurz Ihr Firtobjekt und lächeln Sie – er wird es zwar auf sich münzen, sich aber weiterhin fragen müssen, ob Ihre Miene nicht doch dem Menschen am anderen Ende der Leitung und nicht ihm galt.

Tipp 2: **Seilen Sie sich zwischendurch ab**

Dadurch fordern Sie ihn zum Handeln auf. Wenn Sie zum Beispiel im Café sitzen, gehen Sie kurz vor die Tür oder auf die Toilette. Schenken Sie ihm jetzt ein eindeutiges Lächeln, das ihm Mut macht. Denn, liebe Damen, versetzen Sie sich bitte mal in unsere Lage: Eine interessante Frau lockt mit Blicken und ist gleichzeitig ins Gespräch mit jemand anderem vertieft. Die Gefahr, sich völlig zu blamieren, indem Mann sich jetzt in das Gespräch mischt und die Frau einfach anspricht, ist einfach zu groß. Außerdem würde er damit vielleicht auch Sie in eine unangenehme Situation bringen, da Ihr Begleiter nichts von Ihrem Flirt ahnt.

Tipp 3: **Geben Sie ihm die Chance, Sie kurz allein zu erwischen**

Ich hoffe, Sie spielen Ihr Spiel so gut, dass Ihr Opfer gar nicht anders kann, als die Gelegenheit beim Schopf zu packen, sobald Ihre Begleitung Sie einen Augenblick allein lässt. Flirten Sie jetzt hemmungslos, denn die Zeit ist knapp!

Die Eisbrecher-Methode

Sie sind die Eisprinzessin, und Ihr Flirtopfer ist der Eisbrecher. Lassen Sie sich jedoch langsam auftauen, denn: Wir sprechen über das Erobern und nicht das Einrennen offener Türen. Vielleicht kommt der Zeitpunkt, an dem Sie alles geben und zeigen, aber in dieser frühen Phase des Flirts steigern Sie die Spannung, indem Sie sich vorerst bedeckt halten. Die Gratwanderung besteht darin, nicht abweisend zu wirken, sofern Sie es nicht wollen.

Ein Beispiel: Sie haben bemerkt, dass Sie beobachtet werden. Sie nehmen Blickkontakt mit dem Herrn auf und stellen fest, dass er ganz interessant aussieht. Wenn Sie jetzt lächeln, aber Ihr Leben weiterleben, ist er am Zug. Aber am Ziel, nämlich mitten im Flirt oder gar im Besitz Ihrer Telefonnummer, ist er noch lange nicht. Wenn er Sie anspricht, werden Sie daher nicht begeistert «Endlich!» rufen, sondern ihm vielmehr das Gefühl vermitteln, Sie würden öfter von Männern angesprochen, finden es in seinem Falle jedoch in Ordnung. Sie geben sich freundlich distanziert und warten seine nächste Reaktion ab. Wenn Ihnen seine Art, sich ins Zeug zu legen, gefällt, geben Sie ihm ein Stück mehr: ein Lachen oder eine nette und ehrliche Antwort, falls er Ihnen eine Frage gestellt hat.

Honorieren Sie bitte, dass jeder, der auf einen fremden Menschen zugeht, Mut bewiesen hat. Würden Sie jetzt schroff oder abweisend antworten, käme dies einer Abfuhr gleich, doch dazu später mehr.

Die Trophäenmethode

Das meine ich selbstverständlich positiv: Sie oder vielmehr die Erlaubnis, Sie wieder kontaktieren zu dürfen, ist der Hauptgewinn, für den sich Monsieur ins Zeug legen sollte.

Enthusiastische Männer fragen sofort nach Ihrer Telefonnummer. Befürchten Sie, dass der Knabe mit Ihrer Nummer die ungefähr achtundfünfzigste an diesem Tag gesammelt hat, finden ihn aber trotzdem attraktiv, so habe ich die perfekte Antwort für Sie: Sagen Sie einfach: «Später.» Das sollte seinen Ehrgeiz anstacheln. Sie haben nicht nein gesagt, weil Sie zickig sind, um ihm dann doch aus der Hand zu fressen, sondern Sie möchten über Männer, die mit Ihrer Nummer von dannen ziehen, etwas mehr wissen als die Farbe der Hose.

Wählen Sie Ihre Worte gut. Schlagen Sie keine Türen zu, sodass er die Lust am Spiel verliert, sondern stellen Sie ihm alle Möglichkeiten in Aussicht, damit er sich gerne weiterhin um seine Trophäe bemüht. Sie sehen sich vielleicht wieder, Sie verraten ihm später, wo Sie wohnen, Sie kommen eventuell am nächsten Tag in dasselbe Café. Das hängt ganz von seinem Verhalten ab.

Vorsicht: **Werden Sie nicht passiv**

Beim Flirt möchten wir gefallen und erobern, aber nicht an einer kahlen Felswand emporklettern müssen. Geben Sie Ihrem Verehrer immer wieder Zeichen, die ihm signalisieren, dass er weitermachen darf und dass Sie mitspielen. Viele meiner Geschlechtsgenossen haben so große Angst vor Niederlagen, dass sie ein zu unterkühltes Verhalten Ihrerseits sofort als Korb deuten und sich dann schnell aus dem Staub machen könnten. Dabei wollten Sie doch nur spielen!

Tipp: **Lassen Sie ihn im Unklaren darüber, ob Sie bereits angebissen haben oder nicht**

Sie können sich ausgezeichnet mit Ihrem Verehrer unterhalten und ihm dabei trotzdem das Gefühl vermitteln, dass Sie das Spiel jederzeit beenden und gehen könnten. Betrachten Sie ihn interessiert, wenn er redet, ab und zu ruhig auch mit einem eindeutigen Flirtblick, dann wieder nachdenklich und abwägend. So fordern Sie Monsieur auf, sich weiterhin Mühe zu geben und sich auf Sie einzustellen. Zugleich vermeiden Sie, dass er sich seiner Masche zu sicher ist. Denken Sie daran: Wer Sie anspricht, hat Sie noch längst nicht in der Tasche (oder sagen wir frecher: im Bett).

Wenn ein Mann eine Frau nicht einfach nehmen kann, sondern erobern muss, betrachtet er sie automatisch als wertvolle Trophäe.

Sollte aus Ihrem Flirt mehr werden, legen Sie mit diesem Verhalten auch den Grundstein für sein späteres Verhalten: Er musste sich für Sie ins Zeug legen und wird sich daher glücklich schätzen, dass Sie ihn erhört haben.

Der Balztanz

Sie sollten beim Flirten unbedingt spielen, schließlich befinden Sie sich in einem Spiel! Knüpfen Sie kleine, witzige und leicht erfüllbare Aufgaben oder Bedingungen an das Herausgeben Ihrer Nummer, ein nächstes Treffen oder ein Geheimnis, das Sie ihm verraten. Wir Männer sind Kinder und Spielernaturen, wir lieben die Herausforderung und den Sieg. Lassen Sie Ihren Interessenten daher ruhig Dinge für Sie tun.

> **Zu keinem anderen Zeitpunkt sind Männer so uneingeschränkt bereit und gewillt, die verrücktesten Dinge für eine Frau zu tun, wie in der Balzphase. Nutzen Sie die Gelegenheit!**

Das Ganze könnte so aussehen: Sie verraten Ihr Alter und Ihren Beruf, wenn er dafür etwas von sich preisgibt. Hier haben Sie die Möglichkeit, stilvoll indiskrete Fragen zu stellen. So erfährt er, dass Sie 39 Jahre alt sind, obwohl er Sie auf 30 geschätzt hätte, dafür wissen Sie nun, dass er eine behaarte Brust hat – das ist nur fair, oder?

Lassen Sie auch ruhig Dinge bringen, vormachen oder zeigen. Fordern Sie ihn quasi zu einem Balztanz heraus und lassen Sie ihn um Ihre Gunst buhlen. Das müssen die Männchen im Tierreich Tag für Tag, und auch wir Männer sollten in der Lage sein, uns ins richtige Licht zu rücken, um bei den Frauen zu landen. Auf das Weibchen ist die Wahl bereits gefallen, und sie sucht sich nun das Männchen aus, das den besten Eindruck hinterlässt. Damit beweist er – egal ob Pfau, Kater oder Mann –, dass er eine gute Partie ist und es sich lohnt, sich mit ihm zu paaren.

Die Aschenputtel-Methode

Nein, Sie müssen sich dafür nicht mit Tauben anfreunden oder sich von Ihrer Stiefmutter terrorisieren lassen. Der Clou bei Aschenputtel, Aschenbrödel oder Cinderella ist die Suche des Prinzen nach der schönen Unbekannten. In der Urfassung des Märchens nach den Gebrüdern Grimm findet der Ball, bei dem sich der Prinz seine Braut aussuchen soll, an drei aufeinanderfolgenden Nächten statt. Aschenputtel ist die Schönste, aber auch die Geheimnisvollste unter den Anwärterinnen, denn sie muss das Fest vor Mitternacht verlassen. Zum einen dürfen die böse Stiefmutter und deren Töchter nicht bemerken, dass sie überhaupt ihren Platz an der Herdasche verlassen hat, zum anderen wirkt der Zauber mit Kutsche und den schönen Kleidern nur bis 0.00 Uhr.

Sie erinnern sich? Die Verzückung des Prinzen wird durch das Verschwinden der Schönen nur noch geschürt. Alle Mädchen im Reich reißen sich um ihn, aber eine macht sich einfach aus dem Staub. Kein Wunder, dass sie zu seiner Nummer eins wird, oder? Ich möchte Aschenputtel gewiss nicht ihren Liebreiz absprechen, doch als Mann bin ich mir auch sicher, dass sie (wenn auch unbeabsichtigt) die Einzige war, die den Kampfgeist des Prinzen geweckt hat. Als Prinz war er sicher schon mehr als gelangweilt von all den Damen, für deren Gunst er rein gar nichts tun musste, außer eine gute Partie zu sein.

Falls Sie nicht an Märchen glauben, untermauere ich die Aschenputtel-Methode gerne mit einem kleinen Hinweis aus der Hirnforschung, den Sie sich sehr einfach merken können, weil ich mich auch einfach ausdrücken möchte: Bei der ersten Begegnung sammeln wir mehr Informationen über unsere Intuition als über den Verstand. Oder, noch einfacher: Der Bauch ist der Fahrer, das Hirn der dösende Beifahrer.

Will heißen: Er und sie sind interessiert aneinander. Es geht um die Chemie, das Gefallen, die Anziehungskraft. Erst später bekommen rationale Gedanken ihren Platz – störende Gedanken, die den ersten Zauber zerstören könnten. Passen sie überhaupt zusammen? Ist es der richtige Zeitpunkt? Ängste und Zweifel werden in der ersten Phase der gegenseitigen Anziehung überlagert, und zwar durch die rosarote Brille – oder wissenschaftlicher ausgedrückt durch das Glückshormon Dopamin, das der Körper ausschüttet, sobald wir einen Menschen sexuell anziehend finden.

Tipp 1: **Wenn Sie erobert werden wollen, machen Sie sich beizeiten aus dem Staub**
Spielen Sie das fliehende Aschenputtel oder die Julia, die den Romeo leider nur für drei Minuten treffen kann.

Warum? Sie wissen es bereits: Das Spiel wird verlängert und somit auf die nächste Stufe gehoben. Das nächsthöhere Level ist immer das spannendere – das für Fortgeschrittene.

Auf diesem Wege haben Sie eine interessante Zeit und werden zum aufregenden Zielobjekt für Ihren Jäger.

Tipp 2: **Werfen Sie Ihre Befürchtungen über Bord**

«Wenn ich jetzt gehe, wird er mich vergessen.»

Wieso sollte er? Wir Männer bringen Dinge gerne zu Ende, wie Sie aus Hunderten von Filmen wissen. Und Sie haben ihn mitten im Spiel unterbrochen.

«Sobald ich weg bin, wird er sich einer anderen zuwenden.»

Das ist gut möglich, wenn es sich bei Ihrem Verehrer um ein erfolgreiches Exemplar seiner Gattung handelt. Aber: Ein Mann, der sich sofort nach Ihrem Verschwinden anderen Frauen zuwendet und Sie vergisst, hätte das auch tun können, *nachdem* Sie weitere 24 Stunden mit ihm verbracht haben.

Glauben Sie an sich und diese Begegnung und bleiben Sie die Festung, die erobert werden will. Geben Sie ihm ruhig die Gelegenheit, sich Gedanken über Sie zu machen. Durch Ihren frühzeitigen Abgang wecken Sie ganz sicher seine Phantasie!

Was Sie auf jeden Fall lassen sollten

Von null auf hundert gehen

Das kann zur traurigen Folge haben, dass Ihr Jäger von hundert auf null geht, also die Flinte ins Korn wirft, weil die Jagd viel zu schnell vorbei ist.

Stellen Sie sich folgende Situation vor: Sie sitzen in einem Café und fallen einem Mann auf. Er sucht den Blickkontakt mit Ihnen, Sie erwidern ihn – es wird spannend. Sie lassen ihn zappeln und beachten ihn nicht mehr – es wird noch spannender. Er nimmt seinen ganzen Mut zusammen und spricht Sie endlich an. Sie verwandeln sich augenblicklich von der schönen Unbekannten in eine Frau, die ihm innerhalb der nächsten zehn Minuten ihr gesamtes Leben erzählt und sich ihm praktisch vor die Füße wirft. Jetzt muss er zwangsläufig auf Sie herabschauen, obwohl Sie gerade noch auf einem Sockel standen.

Es sei denn, Sie beide überspringen den Flirt und wollen am liebsten sofort in besagtem Café die Namen Ihrer künftigen Kinder ausdiskutieren. Womit Sie am Beginn einer echten Romanze stünden: «Wir haben uns gesehen und die Welt um uns herum sofort vergessen. Zwei Tage später sind wir zusammengezogen.»

In der Regel ist es jedoch so, dass wir Männer die Zeit des Katz-und-Maus–Spiels wirklich genießen. Wobei der Mann meint, die Katze zu sein, Sie als Dame allerdings davon ausgehen können, dass Sie die Katze sind und er die Maus – schließlich spielen Sie mit ihm, und er ist Ihr Opfer.

Tipp 1: **Wenn Sie auf der Suche sind, behalten Sie es für sich**

Egal wie interessant Sie sind, wenn Sie zu offensichtlich den Eindruck einer Suchenden vermitteln, verderben Sie ihm (und sich) die Hoffnung, dass es sich hier um eine schicksalhafte Begegnung handelt.

Tipp: **Überhöhen Sie ihn nicht**

Selbst wenn Sie die letzten 15 Jahre auf einer einsamen Insel, in einer langweiligen Ehe oder im Gefängnis zugebracht haben – erwecken Sie unbedingt den Eindruck, dass angeflirtet zu werden Ihnen keinesfalls fremd oder neu ist.

Häschen in der Grube spielen

Sich den Kopf verdrehen zu lassen ist etwas Wunderbares. Vielleicht fühlen Sie sich ja wunderbar in der Falle Ihres Jägers und vergessen alles um sich herum. Das Terrain, auf das Sie sich damit begeben, ist allerdings nicht ganz ungefährlich. Für das Spiel, für den weiteren Verlauf Ihres Tages oder Abends – und für Ihr Selbstbewusstsein.

Ein Beispiel: Sie feiern mit Freunden in einer Kneipe oder Bar. Ein Flirt mit einem Fremden bahnt sich an und entwickelt sich bald zu einer sehr prickelnden Angelegenheit. Ihre Freunde sehen Sie oft genug, der Mann dagegen ist neu und spannend. Dass Sie sich mit ihm in ein heißes Flirtgespräch vertiefen, akzeptieren Ihre Freunde natürlich. Später geht es um einen Ortswechsel, der auch geplant war. Sie flirten weiter mit dem Fremden und lassen Ihre Freunde ziehen, die Sie mehrmals aufgefordert haben mitzukommen.

Dem neuen Mann signalisiert dieses Verhalten: Das war ja mal einfach! Sozusagen eine Kapitulation vom Feinsten. Er hat kurz mit Ihnen herumgealbert, und schon ergeben Sie sich. Indem Sie Ihre Freunde und ursprünglichen Pläne sausen lassen, wirken Sie hilflos und vor allem eines: sofort verliebt. Der Mann ist schneller ans Ziel gekommen, als er denken konnte. Platt ausgedrückt musste er gar nichts tun und hatte Sie bereits an der Angel. Nicht nur das: Durch dieses Verhalten übertragen Sie ihm auch viel zu früh Verantwortung. Sie sagen aus: «Deinetwegen habe ich meinen Clan verlassen, schöner Fremder. Jetzt musst du dich um mich kümmern.» So weit waren Sie aber noch gar nicht – und darüber wird der Mann jetzt nachdenken.

Wenn Sie ernsthaft interessiert sind, müssten Sie nun hoffen, dass sein Interesse genauso groß ist wie Ihres und dass er bereits über die Spielphase hinaus ist. Solange Sie aber nicht einschätzen können, wie Ihr charmantes Gegenüber tickt, sollten Sie davon ausgehen, dass der Jäger gerne ein bisschen jagt, dass der Verführer es genießt, seine Tricks anzuwenden, und dass ein Gentleman Geduld hat und auf Sie wartet. Er brennt nicht an, löst sich nicht in Luft auf oder läuft davon, wenn Sie nicht sofort zum Häschen in der Grube werden. Bei einigen Männern erreichen Sie damit sogar das Gegenteil dessen, was Sie eigentlich wollen, denn Sie nehmen ihm die Motivation und stellen sich in einem fragwürdigen Licht dar, indem Sie Fragen aufwerfen wie:

«Ist sie verzweifelt, oder warum lässt sie ihre Freunde für mich stehen?»

«Macht sie das immer so?»

«Hat sie es nötig?»

Diese Fragen sollte sich Ihr Verehrer nie stellen, denn damit machen Sie sich im Nu vom heißbegehrten Hauptgewinn zum Restposten. Selbst wenn Sie anfangs unerreichbar wirkten, wird er sich jetzt (vielleicht auch unbewusst) fragen, was wohl der Haken an Ihnen ist, so leicht, wie Sie es ihm gemacht haben. Denken Sie dabei an Schnäppchen: Wenn Ihnen jemand eine Luxusreise zum Preis eines Bustickets verkaufen will, werden Sie ebenfalls skeptisch.

Eine gute Flirterin erweckt nie den Eindruck, sie wäre Fastfood. Sie ist vielmehr ein Gourmetmenü, auf das Mann sehnsüchtig wartet.

Mit der Weiterführung Ihrer eigentlichen Pläne und der Loyalität, die Sie Ihren Freunden entgegenbringen, indem Sie ihn – den tollen Hecht – vertrösten und sich an Ihr Programm halten, beweisen Sie nicht nur, dass Sie eine selbständige Frau sind, die in einer Warteschleife hängt und für den nächstbesten Typen ihr gesamtes bisheriges Leben über Bord wirft. Sie machen sich dadurch begehrenswerter und erlangen obendrein die Garantie für ein nächstes Mal. Denn umso abrupter Sie ihn bei seinem Eroberungsfeldzug unterbrechen, umso heißer wird er auf eine Fortsetzung mit Ihnen sein.

Zu schnell ernüchtern

Sie haben einen Mann in Ihren Bann gezogen, der nun hormontrunken um Sie wirbt. Wenn Sie ihm Ihr «Go!» gegeben haben, ist für Sie noch lange nicht Schluss mit Ihrer Rolle als Objekt der Begierde. Achten Sie darauf, dass auch er in seiner Rolle als Ihr Interessent bleiben kann. Beenden Sie das Spiel nicht, indem Sie ihm einen Eimer Wasser über den Kopf gießen und rufen: «Aufwachen! Herzlich willkommen in der grauen Wirklichkeit!»

Erhalten Sie ihm die Illusion, es mit einer besonderen Situation und einer besonderen Frau zu tun zu haben. Glauben Sie nicht, dass das Spiel zu Ende sei und Sie nun alle Ihre Karten aufdecken könnten, nur weil ein Mann auf Sie zugekommen ist und Sie angesprochen hat. Er will weiterspielen, und Sie werden feststellen, dass auch Sie weiterspielen wollen. Denn wenn Sie sich vor seinen Augen innerhalb von Sekunden von einer geheimnisvollen Sphinx in eine sehr alltägliche Mutter Beimer verwandeln, reißen Sie ihm damit die rosarote Brille von der Nase und kühlen ihn im Nu auf Normaltemperatur herunter.

Tipp 1: **Abwarten**

Lassen Sie ihn agieren und bleiben Sie in der Position der Beobachterin.

Tipp: **Denken Sie an einen Striptease**

Auch wenn das jetzt nicht Ihr Genre ist, führen Sie sich vor Augen, dass die Spannung bei der ganzen Sache darin besteht, sich nach und nach zu entblättern. Ein schnelles Herunterreißen der Kleidung ist nicht im Ansatz so erotisch wie wenn die Hüllen schrittweise fallen. Im übertragenen Sinne heißt das für Ihre Flirtkommunikation: Sie halten sich bedeckt.

Den Flirt nicht bemerken

Vergessen Sie nicht, dass ein Mann, der Sie anspricht, an Ihnen interessiert ist. Kein Problem, wenn Sie ihn nicht an einem klassischen Flirtort treffen, schließlich lässt es sich fast überall flirten, jagen und erobern. Auch wenn Sie ein Fremder überrumpelt und Ihnen eine scheinbar neutrale Frage stellt, hat er häufig Hintergedanken. Sehen Sie sich um und prüfen Sie, warum er ausgerechnet Sie in ein Gespräch verwickelt: Sind Sie die einzige Person weit und breit? Dann ist es möglich, dass er tatsächlich nur eine Auskunft von Ihnen will. Hätte er aber auch die Möglichkeit, andere Menschen nach der Uhrzeit, dem Weg oder dem Beginn einer Veranstaltung zu fragen, sieht er in Ihnen nicht nur eine Informantin, sondern eine Frau. Wenn Sie kurz darüber nachdenken, wie ungern wir Männer normalerweise nach dem Weg fragen, werden Sie mir sofort glauben.

Diese Methode erfordert weniger Mut als das direkte Bekunden von Interesse an einer Frau, weshalb nicht wenige

Männer sie sehr gern nutzen. Leider stellen wir dabei auch fest, dass Frauen sie oft nicht als Kontaktaufnahme, sondern schlicht als Frage wahrnehmen. Wie erwähnt haben Frauen häufig eine geringere Hemmschwelle, wenn es darum geht, Fremde um Auskunft oder Information zu bitten, und gehen deshalb davon aus, wir Männer würden dies genauso tun.

Tipp 1: **Schauen Sie genau hin**
Übersehen Sie den Fragesteller nicht, sondern nehmen Sie ihn ganz bewusst wahr. Blicken Sie ihm in die Augen und prüfen Sie, ob er vielleicht eher an Ihnen als an der Auskunft interessiert ist.

Tipp 2: **Nutzen Sie die Gelegenheit für einen Kurzflirt**
Über Ihre Auskunft – egal ob Sie ihm weiterhelfen können oder nicht – können Sie ihn nahtlos und einfach in ein kurzes Gespräch verwickeln. Stellen Sie witzige und charmante Gegenfragen, das ist freundlich und unverfänglich. Erkundigen Sie sich zum Beispiel, ob er nicht von hier ist, was heute dort los ist usw. Falls er geflunkert hat, können Sie ihn so entlarven und befinden sich bereits in einer ernsthaften Kennenlernsituation.

Den Flirt zerreden oder vergessen

Wir bleiben dabei, dass Sie sich nach allen Regeln der Kunst erobern lassen (wollen). Hierzu möchte ich zwei Wahrheiten über uns Männer auffrischen, die alle Frauen kennen, aber viele immer wieder vergessen:

Wir lieben kluge Frauen.

Wir denken auch während der niveauvollsten Unterhaltung immer wieder an das Eine.

Behalten Sie diese beiden unumstößlichen Tatsachen stets im Blick, wenn Sie sich länger mit einem Mann unterhalten, an dem Sie interessiert sind.

Vorsicht: niemals das Flirten vergessen

Die Gefahr besteht, wenn Sie viel zu erzählen haben und spezielle Themen anschneiden. Stellen Sie sich folgendes Szenario vor: Sie begegnen Ihrem Flirt auf einer kulturellen Veranstaltung oder auf einem beruflichen Meeting. Der Mann traut sich an Sie heran und nutzt ein naheliegendes Thema zum Gesprächseinstieg. Er fragt Sie, ob Sie auch in der und der Branche arbeiten oder wie Sie die Ausstellung oder das Konzert fanden. Nun sind Sie an der Reihe, und Sie werden sicher eine kompetente Antwort parat haben, schließlich gibt es einen guten Grund für Ihre Anwesenheit. Wenn Sie nun extrem viel zu sagen haben, etwa indem Sie mit Ihrer differenzierten Meinung oder jeder Menge Fachwissen glänzen können, bietet Ihnen beiden das zunächst einen anspruchsvollen Gesprächseinstieg. Aber bitte versteifen Sie sich nicht auf das Thema, sondern kommen Sie immer wieder zurück zu Ihrer Ausgangsposition: Frau trifft Mann.

Tipp 1: Streuen Sie kleine erotische Momente in Ihren Meinungsaustausch oder Ihr Fachgespräch

Lassen Sie es trotz anregender Debatte immer wieder zu, dass Ihr Gegenüber mit Ihnen flirtet. Sie dürfen davon ausgehen, dass ein Mann, der mit Ihnen flirten will, sich zwischendurch vorstellt, wie Sie wohl nackt aussehen, während er Ihren Ansichten zur Gesundheitsreform lauscht. Wenn Sie den Flirt durch Ernsthaftigkeit blockieren, wird auch Ihr Gegenüber ihn vielleicht aufgeben. Dann kommt er nämlich an den Punkt, an dem es für ihn keinen Unterschied mehr macht, ob er mit einem 79-jährigen Professor oder mit Ihnen diskutiert.

Tipp 2: Flirten Sie ohne Worte

Eine wirklich explosive Mischung erreichen Sie, wenn Sie ernsthaft, sachlich oder intellektuell über ein Thema reden, mit Ihrem Körper aber flirten. So schicken Sie Ihr Opfer auf eine Achterbahnfahrt, die sich gewaschen hat. Er wird Ihren Thesen weder zustimmen noch widersprechen, weil Sie ihn ständig ablenken, und zwar indem Sie ganz beiläufig das tun, was sich in dieser Situation anbietet. Ob Sie ihn gern mit Ihren Beinen, Haaren, Blusenknöpfen, Lippen oder Fingern von Ihren Ausführungen ablenken, sei ganz Ihnen überlassen.

Tipp 3: Keine Angst um Ihren guten Ruf

Mir ist aufgefallen, dass Frauen oft eine klare Trennlinie zwischen einem intelligenten Gespräch – in dem Sie selbstverständlich intellektuell ernst genommen werden wollen – und einem Flirt ziehen. Damit verbannen Sie den Flirt jedoch an ganz bestimmte Situationen und Orte. Das hat zur Folge, dass Sie sich zu anderen Zeiten – etwa wenn Sie sich in Begleitung oder in der Arbeitswelt bewegen – für Signale aus der Männerwelt verschließen und betont neutral geben. Auf diesem Wege entgeht Ihnen jede Menge Beute.

Ein kluger Mann wird eine kluge Frau nicht weniger klug finden, nur weil sie erotisch ist. Ganz im Gegenteil: Dass man Ihre Meinung ernst nimmt und Sie gleichzeitig sexy findet, ist eine gute Kombination – Sie müssen sich ja um Himmels willen nicht für das eine oder andere entscheiden, wenn Sie in Flirtlaune sind und Ihnen ein Mann zusagt.

Erobern – die besten Tricks für die Jägerin

Halali, meine Damen! Ich gratuliere Ihnen zu dem Entschluss, die Sache selbst in die Hand zu nehmen und nicht in der Ecke zu stehen und zu warten, bis Mann Sie erobern will.

Den Mut zum ersten Schritt müssen Sie fassen, und ich möchte Ihnen in diesem Kapitel ein paar Tricks mit auf den Weg geben, wie Sie sich selbst überlisten, falls Sie doch zögern sollten.

Wenn sich herausstellen sollte, dass aus Ihnen eine gute Jägerin wird, werden Sie sicher sehr viel Spaß an dieser Rolle entwickeln und sie vielleicht sogar vermissen, wenn Sie Ihre Beute erlegt haben und glücklich bis ans Ende Ihrer Tage in Zweisamkeit leben.

Wie dem auch sei – bevor Sie sich auf die Lauer legen, sollten Sie sich einen sehr wichtigen Punkt einprägen:

Lassen Sie es so aussehen, als hätte er Sie erlegt!

Sie werden feststellen, dass auch dieser Teil der Jagd ungeheuer aufregend ist, vielleicht sogar der größte Thrill.

Auf der Lauer

Genau wie auf der Jagd in Wald und Feld sollten Sie sich auch hier mit Ihrem Ziel befassen, bevor Sie wild drauflos-schießen.

Stellen Sie sich vor, Sie sind in Jagdlaune und betreten einen Raum voller Menschen. Taxieren Sie jeden Mann im Raum ausgiebig und legen Sie sich auf die Lauer. Dann folgt der nächste Schritt, und Sie sortieren aus: Der Mann links neben Ihnen unterhält sich sehr vertraut mit einer Frau – liiert. Weiter hinten entdecken Sie eine große, lärmende Gruppe – das erinnert Sie wiederum zu sehr an die Entenjagd, bei der man mit einer Schrotflinte einfach in den aufgescheuchten, schnatternden Schwarm schießt (frei nach dem Motto «Eine wird's schon erwischen»). Sie möchten aber nicht einen x-beliebigen Mann aus seinem Rudel reißen, sondern gezielt vorgehen.

Da Sie sich hoffentlich an einem gutbesuchten Ort auf-halten, schweifen Ihre prüfenden Blicke (unauffällig) weiter. Ihr Zielobjekt muss kein Heiratskandidat sein, doch Ihr Inter-esse wecken und Sie optisch ansprechen. Außerdem müssen Sie nicht beim Bundesnachrichtendienst anheuern, um als kluge Frau auch so im Schnellverfahren herauszufinden, ob Ihr Zielobjekt flirtbereit, will heißen als Single unterwegs ist.

Tipp 1: **Lassen Sie sich Zeit**
für Ihre Beobachtungen
Eine Hand ohne Ehering macht noch keinen freien Mann. Natürlich kann der Abend auch sehr nett werden, obwohl aus Ihrem vielversprechenden Zweiergespräch plötzlich ein Dreiergespräch wird, weil seine Partnerin oder sein Partner

hinzustößt. Aber Ihr eigentliches Ziel ist die Jagd. Beobachten Sie also, mit wem der Mann unterwegs ist. Sind Sie zufrieden mit Ihrem Resultat, haben also einen Mann auf Solopfaden, eventuell mit einem oder zwei nicht störenden Freunden, ins Visier genommen, kann die Jagd beginnen.

Tipp 2: **Sie müssen wissen, wie ernst Ihnen der Flirt ist**

Viele Frauen stören sich daran, mit liierten Männern zu flirten. Das Gute daran ist: Sie können das Flirten als netten Zeitvertreib und Streicheleinheit für ihr Ego betrachten, ohne sich dabei Gedanken über später zu machen. Die Damen, die ich kenne, sind jedoch viel motivierter, sobald wenigstens theoretisch die Chance auf mehr besteht.

Wenn Sie ebenso denken, sollten Sie diesen wichtigen Punkt so schnell wie möglich klären, damit Sie sich im Falle einer für Sie negativen Antwort umgehend auf die Suche nach einem freien Flirtopfer machen können. Nicht selten werden Sie auf verheiratete Männer treffen, die nichts lieber tun, als ein bisschen mit Ihnen zu flirten. Wer kann den Herren das schon verdenken? Ich ganz sicher nicht!

Inspiration von außen ist Balsam für die Seele – meist sogar für sehr treue Ehemänner. Doch kommen wir zurück zu Ihnen: Wenn Sie es als Zeitverschwendung empfinden, Ihren Charme bei einem Mann spielen zu lassen, der anschließend beschwingt, aber brav zu seiner Angetrauten nach Hause fährt, dann beenden Sie den Flirt, bevor er richtig angefangen hat. Sehen Sie es positiv: Mit dieser kleinen Plänkelei haben Sie sich «aufgewärmt» und können nun ernsthaft zur Tat schreiten.

Tipp 3: **Stellen Sie gezielte Fragen**

Wenn Sie schnell an Informationen kommen wollen, fragen Sie am besten gezielt und direkt. Damit machen Sie sich weniger verdächtig als mit schwammigem Umkreisen.

Ein Beispiel: «Was machst du denn Silvester/Ostern/ Pfingsten?» ist eine völlig harmlose Frage, mit der Sie sich keinesfalls als direkt an Ihrem Gegenüber allzu interessiert zeigen. Er sagt Ihnen, was er macht, Sie sagen ihm, was Sie machen. Punkt. Treue Ehemänner und Familienväter reden dann in der Wir-Form über die Feiertage, Singles erzählen andere Geschichten, wie Sie selbst wissen. Sind Sie nach seiner Aussage noch nicht im Besitz der Information, die Sie wünschen (nämlich: Single oder liiert), können Sie unverblümt weiterbohren: «Aha? Ihr seid auf Sylt. Freundeskreis oder Familie?» Der Rest ergibt sich dann von selbst.

Wenn Sie dagegen herumlavieren, werden Sie bald feststellen, dass auch wir Männer den einen oder anderen Braten riechen. Sätze wie: «Du kannst kochen? Das findet deine Freundin sicher toll!», wird er mit Sicherheit durchschauen. Spätestens wenn er Ihnen die erhoffte Antwort: «Welche Freundin?» liefert.

Verbiegen Sie sich nicht, um an die gewünschten Auskünfte zu gelangen. Fragen Sie zum Beispiel auch unverblümt, ob er Kinder hat, denn Kinder sind ein unerschöpfliches Thema, und es ist durchaus möglich, dass Sie einfach nur über Ihre eigenen Kinder reden wollen (anstatt ihn anzubaggern, Sie Schlimme!).

Auf der Pirsch

Denken Sie weiterhin wie eine Jägerin. Zwar identifizieren wir Männer uns gern mit dem starken, großen König der Tiere, dem Löwen, aber jedes Kind, das ordentlich aufgepasst hat, wenn Professor Grzimek und Heinz Sielmann uns im Fernsehen die Tierwelt erklärten, weiß: Die *Löwinnen* jagen!

Ihr Zielobjekt ist also eine Art Gnu oder Zebra(ja, kichern Sie nur) und im Moment noch völlig ahnungslos. Es grast oder vielmehr trinkt, arbeitet, tanzt oder unterhält sich vor Ihren Augen.

Tipp 1: **Jagen Sie bewusst und pragmatisch**
Diesen Ratschlag werden Sie unter Umständen furchtbar finden, denn er klingt unromantisch und wenig nett. Außerdem hört er sich an, als käme er direkt aus einem Erfolgsseminar und nicht aus dem Bauch. Aber: Wenn Sie beim Flirten oder bei der Partnersuche den aktiven Part spielen wollen, sollten Sie die Sache mit zielgerichtetem Erfolgsdenken angehen.

Die Situation ist folgende: Er ist Ihr Ziel, ahnt davon aber bis jetzt noch nichts. Sie beobachten ihn und passen den richtigen Zeitpunkt ab. Wenn Sie sich mit sich selbst darauf geeinigt haben, dass Sie heute mit Ihrem Flirtopfer zumindest noch ein Flirtgespräch führen werden, dann werden Sie Ihr Vorhaben deutlich «disziplinierter» zu Ende bringen als ohne diesen Plan. Schließlich ist es auch gut möglich, dass Sie abgelenkt werden.

Übrigens sind Männer, selbst Männer, die viele Fragen aufwerfen, öfter und schneller liiert als Frauen. Das liegt unter anderem daran, dass wir Männer die Jagd grundsätzlich ernst und ehrgeizig angehen und auch dann zu Ende bringen wollen, wenn die äußeren Umstände sich ändern. Sofern Sie die Jägerin sein wollen, sollten Sie Ihr Ziel nicht aus den Augen verlieren.

Sie sind im Besitz einer meterlangen Liste von Gründen, in seiner Nähe zu sein. Seien Sie einfallsreich: Sie müssen an ihm vorbei. Sie brauchen etwas, das hinter/vor/neben ihm steht. Sie tanzen «zufällig» und gedankenverloren neben ihm. Sie müssen die Uhrzeit wissen. Sie haben etwas verloren ...

Sie verstehen sicher, was ich meine. Suchen Sie sich Gründe, die der Situation gerecht werden, und lassen Sie Ihre Phantasie spielen.

Tipp 2: Reden Sie mit den Menschen um Sie herum

Natürlich starren Sie nicht die ganze Zeit über Ihr Zielobjekt an, sondern unterhalten Sie sich mit den Menschen in Ihrer Nähe, bevor Sie sich Ihrem Flirt widmen. Sie werden sehen, dass dies eine ganz einfache Übung ist, selbst wenn Sie sich an einem Ort befinden, an dem Sie niemanden kennen. Wenn Sie nämlich kurz und unverbindlich auf Menschen zugehen, die Sie nicht besonders interessieren, fällt Ihnen der Kontakt ungleich leichter, da Sie nichts zu verlieren haben. Ausprobieren können Sie diese Taktik überall, wo sich mehr Menschen befinden als Sie und Ihr Ziel. Sprechen Sie nett mit dem Personal, anderen Passagieren oder Partygästen.

Wenn Sie dies in der unmittelbaren Nähe Ihres Flirtopfers tun, wird er Sie als kommunikatives Wesen wahrnehmen. Auch hat er so Ihre Stimme schon einmal gehört, was unbewusst Vertrautheit schafft. Lassen Sie bloß nicht den Eindruck aufkommen, Sie wären verzweifelt auf der Suche nach Anschluss. Geben Sie Ihrem Flirtopfer anfangs das Gefühl, Sie würden mit ihm reden, weil *Sie* eine nette und aufgeschlossene Person sind und nicht weil Sie *ihn* im Visier haben. Gerissene Frauen (ebenso wie die meisten Männer) pirschen sich auch durch die jeweilige Begleitung in die direkte Nähe ihrer Zielperson. Seinen Freund anstatt ihn anzusprechen erscheint Ihnen vielleicht wie ein alter Hut, doch kann Ihnen niemand nachweisen, auf wen von den beiden oder ob Sie es überhaupt auf einen abgesehen haben. Vielleicht wollen Sie ja wirklich nur vorbei? Feuer? Die Uhrzeit? Suchen Sie sich etwas aus.

Sie kam, sah und siegte: die offensive Taktik

Sehr mutige Flirter und Flirterinnen gehen einfach auf ihr Flirtobjekt zu und versuchen es konsequent und ohne Umschweife zu «erlegen» oder derb «abzuschleppen». Klappt das nicht, gehen sie unbeirrt das nächste Ziel an und vergessen (oder verdrängen) die Niederlage sofort.

Ich gratuliere jedem, der mit einer ordentlichen Portion Draufgängertum flirtet.

Wenn Sie es schaffen, wirklich alle Selbstzweifel über Bord zu werfen und sich dabei an Devisen wie «Wer wagt, gewinnt» oder «No risk, no fun» zu halten, ernten Sie dafür meinen Respekt und auch meinen unbedingten Zuspruch.

Schöne Frauen beklagen sich häufig über die zahllosen Männer, die nur zaghaft schauen und sich nicht trauen. Aus Männersicht passiert auf diesem Sektor noch weniger: Die meisten Frauen fühlen sich wohler in der Rolle derjenigen, die erobert wird, und warten ab. Jene, die überhaupt über die aktive Rolle nachdenken, zögern oft mit ihren Aktionen, weil sie Angst haben, die Männer damit zu verschrecken. Glauben Sie mir: So leicht sollte sich ein Mann nicht verschrecken lassen. Gestehen Sie sich dann lieber ein, dass er nicht interessiert war, und ziehen Sie erhobenen Hauptes weiter.

Tipp 1: **Schnappen Sie schnell zu**

Hier geht es weniger darum, den Mann so schnell zu schnappen, dass er weder «Piep» noch «Nein» sagen kann, sondern vielmehr um Sie. Wenn Sie beherzt sind, schlagen Sie damit auch sich selbst ein Schnippchen. Wenn Sie nämlich ein Flirtopfer ausmachen, gut drauf sind und dann aber anfangen, darüber nachzudenken, werden Ihnen automatisch Zweifel kommen.

Bevor sich Angst oder Zweifel in Ihnen breitmachen kann, sollten Sie sich also schon überwunden haben und sich gekonnt anschleichen.

Tipp 2: **Sehen Sie es sportlich**

Die sportliche Flirterin verbirgt ihre sehnsüchtige und sensible Seite sehr geschickt. Vielleicht hat sie diese sowieso für eine gewisse Zeit abgelegt, weil sie beispielsweise frisch getrennt oder im Moment auf Abenteuersuche ist.

Mit dieser Einstellung verallgemeinern Sie zwar die Männerwelt, aber da Sie niemandem etwas tun, sondern nur spielen, sei Ihnen das verziehen oder sogar gedankt.

Wenn Sie sich jetzt auf einen Mann stürzen, lautet Ihr (geheimer!) Leitspruch: Wenn nicht du, dann eben der nächste. Oder der da hinten. Auf diese Weise werden Sie sehr viele Männer kennenlernen und sich mit Ihnen die Wartezeit auf den Prinzen mit seinem Schimmel verkürzen. Mit dieser

Herangehensweise erzielen die männlichen Herzensbrecher, Filous und Schwerenöter seit Jahrtausenden sagenumwobene Erfolge bei Ihnen, verehrte Damen.

Sollten Sie sich (wenn auch nur vorübergehend) von einer romantischen Vorstellung vom Flirten oder von der Suche nach der großen Liebe freimachen wollen, sind sogar Spielchen erlaubt. Beziehen Sie doch ruhig mal Ihre Freundinnen ein und wecken Sie Ihren Sportsgeist durch Wetten wie: Wenn wir nachher nach Hause fahren, habe ich zwei Telefonnummern und ein Date. Wer bietet mehr?

Tipp 3: Mit Selbstbetrug zum Erfolg

Belügen Sie sich ruhig mal ein bisschen selbst. Stellen Sie sich Situationen vor, in denen es Ihnen möglich ist, schamlos aufs Ganze zu gehen, und verhalten Sie sich so draufgängerisch, als befänden Sie sich in dieser Situation. Wen stört es da schon, dass Sie sich in Wirklichkeit weder auf einem wilden Junggesellinnenabschied befinden noch zur Miss Universum gekürt wurden. Benehmen Sie sich einfach mal so. Sie werden sehen, wie wirksam diese Methode ist!

Tipp 4: Verteilen Sie großzügig Vorschusslorbeeren

Machen Sie genau das Gegenteil von dem, was ich als Minimalflirt zu bezeichnen pflege. Geben Sie Ihrem Flirtopfer unmissverständlich zu verstehen, dass Sie es anflirten.

Eines erreichen Sie damit auf jeden Fall: Ihre Zielperson wird niemals vergessen, was Sie gesagt haben. Denn direkte und unverblümte Komplimente werden uns Männern so selten gemacht, dass wir uns Ihre Worte sofort in die Haut tätowieren ließen, um sie nie wieder zu vergessen. Wie, Sie glauben mir nicht? Einverstanden, das mit dem Tätowieren war übertrieben. Aber: Die meisten Frauen hören im Laufe ihres Lebens öfter bis sehr häufig den Satz: «Du bist (wunder-) schön.» Und dieser Satz ist auch wichtig.

Über Männer sagt man in der Regel, sie seien gut aussehend oder attraktiv. «Wunderschön» dagegen ist ein Begriff, den man für uns nicht gerade häufig verwendet. Doch probieren Sie es einmal aus und erfreuen Sie sich an der sofortigen Wirkung. Sagen Sie einem Mann in Ihren Worten: «Du siehst verdammt gut aus!», oder machen Sie es wie die großen Frauenverführer und werden Sie noch persönlicher (und damit unvergesslicher) mit Komplimenten wie «Dieses Hemd lässt deine Augen noch blauer leuchten. Steht dir super!» oder «Deine Zähne sind so perfekt, dass sie fast unecht wirken. Wie machst du das?». Da Sie als Frau ein natürliches Interesse an schönen Dingen haben, werden Sie keine Sekunde peinlich wirken. Wenn Sie Ihrem Flirtpartner so gekonnt um den Bart gehen, wird er Ihnen einen festen Platz in seiner Biographie sichern. Und er wird mehr davon wollen, das verspreche ich Ihnen.

Tipp 5: **Verwirren Sie Ihr Flirtobjekt**
Als forsche Jägerin punkten Sie vor allem mit Ihrem Selbstbewusstsein. Das wird viele Männer verwirren, weil Sie damit im Grunde einen Rollentausch betreiben. Indem Sie wirklich Gas geben, dabei jedoch immer ein Augenzwinkern beibehalten, lassen Sie ihn im Unklaren, wie ernst es Ihnen mit der ganzen Geschichte ist. Ihm wird der Kopf schwirren, weil er nicht weiß, ob er es mit einer leidenschaftlichen Frau zu tun hat, die ihm mutig sofort klarmacht, was sie will, oder ob Sie bloß eine Spielerin sind, die diese Nummer mehrmals

täglich mit hilflosen Männern abzieht. Vielleicht hat er es ja auch mit einer Frau zu tun, die sich einen Spaß daraus macht, Männer zu verunsichern.

Mit der direkten Anmache, bei der Sie ständig zwischen Ironie und Ernsthaftigkeit schwanken, werden Sie den Mann in ein Wechselbad der Gefühle stürzen. Vergessen Sie nicht, dass Sie trotzdem mit dem Mann flirten. Falsche Komplimente, gefolgt von einem hysterischen Lachanfall, erwecken den Verdacht, dass Sie ihn nur veralbern – oder dass es sich bei Ihnen um eine ausgemachte Psychopathin handelt.

Der Mann sollte Sie erkennen und sich bei aller Verwirrung wohl mit Ihnen fühlen. Geht Ihre Taktik auf, so wird er versuchen, sich aus Ihrem verzwickten Netz aus Komplimenten und Frechheiten zu befreien und wieder die Oberhand zu gewinnen.

Vorsicht, Falle: Was Sie beim Erobern nicht tun sollten

Fehler 1: zudringlich werden

Natürlich gibt es Männer, die können gar nicht schnell genug Körperkontakt zu Ihnen herstellen. Meistens jedoch sind wir – also die Männer – auch nur Menschen. Wir geben es zwar ungern zu, aber wir neigen bei Einschüchterung schnell zur Flucht. Selbst wenn wir am nächsten Tag kurz darüber nachdenken, dass uns vielleicht ein Abenteuer entgangen sein könnte, machen wir uns vom sprichwörtlichen Acker, wenn Sie, meine Damen, es zu wild angehen.

Tipp 1: Sofern Sie die Führung übernehmen, belassen Sie es beim kleinen Körperkontakt

Indem Sie uns (gerne auch nicht vorhandene) Fusseln vom Jackett streichen, suggerieren Sie uns Vertrautheit und machen uns damit Mut, auch bei Ihnen mal hinzufassen. Indem Sie uns dagegen deutlich und schnell am Hintern packen (wofür wir von Ihnen übrigens sofort eine gelangt bekämen und es deshalb unterlassen), verunsichern Sie uns zutiefst.

Denn: Eine Frau, die zu schnell zu viel will, wie attraktiv sie auch sein mag, macht Männer selbst im Zeitalter der Emanzipation misstrauisch (zumindest im nüchternen Zustand). Die schnelle körperliche Anmache ist darüber hinaus ziemlich enttäuschend, denn sie nimmt uns die Chance, selbst in Aktion zu treten. Auch wenn uns Ihr frecher Angriff gefällt, er nimmt uns den Wind aus den Segeln und lässt uns zum Bürschchen werden. Weil viele von uns sich nun mal ungern von Ihnen mit flammend roten Ohren ertappen lassen, müssen wir uns verschanzen. Alles klar?

Natürlich freuen wir uns über Ihr Vorpreschen, aber ab einem gewissen Zeitpunkt (den Sie natürlich abpassen müssen), heißt es: Mann, übernehmen Sie!

Den Auftrag des Eroberers haben wir quasi im Erbgut. Sie können wunderschön, intelligent und humorvoll sein, doch wenn Sie uns nicht erlauben, Sie zu erobern, können Sie keine (wertvolle) Eroberung sein. Machen Sie uns also die Freude und lassen Sie uns wenigstens gegen Ende des Spiels mitspielen – und auch ein bisschen gewinnen. Bitte, bitte, bitte!

Tipp 2: **Denken Sie an «später»**

Ich verstehe Sie gut, wenn Sie der Meinung sind, dass ein Rollentausch uns Männern und Frauen ab und an sehr gut tue und außerdem zeitgemäß sei. Aber: Wollen Sie etwa der Mann sein? Wollen Sie eine Frau? Oder, noch deutlicher: Wie interessant würden Sie auf lange Sicht einen Mann finden, der ohne den kleinsten Hauch von Eigeninitiative bei Ihnen gelandet – und geblieben ist?

So ein wehrloses Würmchen würde sich bestimmt auch von der nächsten durchsetzungsfähigen Frau einfach mitnehmen lassen. Und das vielleicht ausgerechnet dann, wenn Sie hochschwanger zu Hause liegen. Bei dieser Vorstellung wünschen sich die meisten Frauen sofort einen klassischen Macho, der deftig nach Mann riecht und sie ungefragt küsst.

Machen Sie aus Ihrem Objekt keine Prinzessin, sondern überlassen Sie ihm die Männerrolle. Das heißt: Sie eröffnen die Jagd, dafür darf er Sie als Trophäe mit nach Hause nehmen.

Fehler 2: **Flächendeckend bombardieren**

Die Überschrift mag für ein Flirthandbuch sehr aggressiv klingen, aber sie beschreibt auch ein sehr aggressives weibliches Flirtverhalten. Bitte missverstehen Sie mich jetzt nicht: Ich freue mich über jede Frau, die den Mut fasst, sich aktiv ins Flirtgeschehen zu stürzen. Viele Frauen sind jedoch, nachdem sie es dann endlich einmal probiert haben, so berauscht von ihrem garantierten Flirterfolg, dass sie schon mal übers Ziel hinausschießen.

Flirten bedeutet nicht anbaggern, flirten bedeutet auch nicht ausflippen. Der Flirt ist ein positives Signal, eine Form der Kommunikation und oft auch das zarte Pflänzchen, das die Liebe schürt und erhält. Natürlich funktioniert der Flirt auch ohne Romantik, denn wir sagen: «Du gefällst mir», und setzen darauf, dass der andere uns mindestens ein «Du mir auch» zurückgibt.

Wenn Sie jetzt so viel Sportsgeist entwickelt haben, dass Sie es sich zu Ihrer Lebensaufgabe gemacht haben, jedem Mann, der Ihnen über den Weg läuft, den Kopf zu verdrehen, dann sind Sie vielleicht ein Fall für das Guinness-Buch der Rekorde, jedoch nicht für dieses beschauliche Werk.

Außerdem: Der Flirt mit jedem ist zwar möglich, allerdings nur in seiner netten und kommunikativen Form. Einen direkten und eindeutig sexuellen Flirt sollten Sie nicht aus Spaß an der Freude (oder Jagd) beginnen, sondern immer nur mit auserwählten Personen.

Einen Raum zu betreten und als offensive Jägerin jeden ernsthaft und direkt anzumachen, lässt Sie sehr schnell beliebig wirken. Wenn Sie, bevor Sie mit einem Mann in Kontakt treten, der Sie wirklich interessiert, schon auf so manch anderem Schoß gesessen haben, wird ihn das skeptisch machen. Womit wir wieder bei der Schrotflinte wären, mit der man relativ wahllos auf die aufgescheuchten Wildenten ballert.

Bei allem Spaß muss Ihr Flirtobjekt sich als etwas Besonderes empfinden können, sonst wird auch ein Flirt mit Ihnen nicht mehr als etwas Besonderes erachtet. Das heißt: Auch wenn Sie eine wilde Jägerin sind, sollten Sie stets genau zielen und niemals den ganzen Wald abknallen.

Fehler 3: **Mann spielen**

Bedienen Sie sich gerne und ausgiebig in der Welt der Aufreißer und Frauenhelden, wenn es um Ihre Flirt- und Anmachmethoden geht, aber bleiben Sie dabei Frau! Sonst verlieren Ihre männlichen Opfer nämlich den Überblick.

Ich bin doch der Mann …, wird sich so mancher meiner Geschlechtsgenossen ratlos denken, wenn Sie ihm mit einer Kippe im Mundwinkel auf die Schulter klopfen und nuscheln: «Und? Wie sieht's aus?» Falls Sie ihn jetzt fragen, ob er mit Ihnen schlafen wolle, dafür aber nur ein Wort benutzen und noch dazu ein sehr ordinäres, wird er meinen, er befinde sich in einem Traum. Und zwar nicht in einem Wunschtraum, sondern in einem sehr eigenartigen Traum.

Denn da Sie als «Mann» ja bereits die Rechnung übernommen haben, nachdem Sie ihn derart abgefüllt haben, dass er Sie 23-fach sieht, wird er denken, er ist auf eine Gruppe LKW-Fahrerinnen gestoßen, die alle gleichzeitig mit ihm in die Koje wollen. Er wird fliehen, weil er befürchtet, dass Sie gleich herzhaft rülpsen, im Stehen urinieren und ihn Schnecke nennen!

Spaß beiseite: Auch wenn er nüchtern ist und Sie auch nicht doppelt vor sich sieht, tun Sie nicht gut daran, sich wie ein Mann zu benehmen.

Tipp: **Denken Sie an die perfekte Harmonie**

Sie als Frau wissen viel eher als jeder Mann, was Harmonie, Ausgewogenheit und Balance bedeuten. Umso aufregender, weil überraschend, ist es, wenn Sie mit Klischees brechen: Also fahren Sie rasant statt zaghaft Auto, trinken Sie Whisky statt süße Cocktails, erzählen Sie uns dreckige Witze, beeindrucken Sie uns mit Ihrem technischen Verständnis, Ihrer körperlichen Kraft und anderen Dingen, die wir Ihnen vielleicht nicht zugetraut hätten.

Aber zeigen Sie uns dabei immer auch Ihre weibliche Seite, sonst wird aus jedem noch so heißen Flirt garantiert ein Kumpelabend.

Crashkurs
Dating

So brechen Sie das Eis

Vorher aufwärmen

Auch die selbstsichersten Menschen sind aufgeregt und voller Lampenfieber vor ihrer ersten Verabredung. Egal, ob Sie bei einem Date nun die Erste sind oder ob Ihr Begleiter ein paar Minuten auf Sie warten muss – die schwerste Hürde sind die anfänglichen Sekunden.

Bereiten Sie sich auf diesen Moment vor, indem Sie die Szene einmal im Kopf durchspielen. Stellen Sie sich zum Beispiel vor, wie Sie den Mann anstrahlen und ihm dann rechts und links ein Küsschen auf die Wangen hauchen. Das schafft Vertrautheit und ist zudem eine sehr freundliche, aber unverfängliche Geste.

Wenn Sie mit einem Mann verabredet sind, dem Sie bisher nur einmal oder noch gar nicht leibhaftig begegnet sind, senken Sie Ihr Lampenfieber mit Hilfe eines Telefonats. Rufen Sie ihn kurz vor der Verabredung an – um ihn nach dem Weg zum vereinbarten Ort oder danach zu fragen, ob er die Zeit einhalten kann, oder um ihm zu sagen, dass es bei Ihnen eventuell ein paar Minütchen später wird. Indem Sie dieses völlig normale Telefonat mit ihm führen, umgehen Sie beide den Schock des Fremdelns, wenn Sie dann einander begegnen.

Die Spielereien, wer wen als Erstes anrufen darf, und dergleichen haben Sie bereits hinter sich, wenn Sie sich tatsächlich verabredet haben. Sie können deshalb auch ein paar Tage vor Ihrem Treffen zum Telefon greifen oder sich E-Mails schreiben, um im Vorhinein eine vertrautere Basis für die Begegnung zu schaffen.

Ein Wir-Gefühl erzeugen

Wenn zwei fremde Menschen aufeinandertreffen, kann sich das anfangs so unkomfortabel anfühlen wie das Feststecken im Fahrstuhl oder eine Blamage aus fast vergessenen Teenagertagen. Vor allem wenn Sie beide eher schüchtern und gehemmt sind. Besonders fatal dabei: Schüchternheit oder, böse ausgedrückt, Verklemmtheit steckt an. Wenn Sie diese Atmosphäre zulassen, wird Ihre Verabredung zu einer endlos wirkenden, ungemein zähen Situation, in der Sie sich regelrecht nach einem Anruf oder einer anderen Ablenkung sehnen. Obwohl diese Situation ziemlich verbreitet ist, gilt das Anschweigen als der Date-Killer Nummer eins.

Lassen Sie dies nicht zu. Halten Sie sich immer vor Augen, dass Sie sich mit diesem Mann treffen wollten und dass Sie beide Interesse aneinander haben. Suchen Sie so schnell wie möglich Gemeinsamkeiten und beginnen Sie ein Gespräch (siehe auch «Gute Themen, schlechte Themen»).

Geben Sie sich dabei so natürlich wie möglich. Zwar sollten Sie unbedingt flirten, aber wenn Sie anfangs so gehemmt sind, dass Ihnen sogar ein unverfängliches Gespräch schwerfällt und Ihre Verabredung es Ihnen mit seiner Schüchternheit auch nicht einfacher macht, wenden Sie folgende Tricks an:

Tun Sie (vor sich selbst) so, als würden Sie den Mann vor

Ihnen schon lange kennen. Erzählen Sie ihm, wie Ihr Tag war und was Sie zum Beispiel auf dem Weg zu Ihrer Verabredung geärgert hat (der Stau, der Taxifahrer etc.). Indem Sie dieses Vertrautheitsspielchen spielen, überwinden Sie selbst Ihre Unsicherheiten und beginnen sich wohler zu fühlen.

Überlegen Sie sich zum Beispiel, was Sie tun würden, wenn Sie nicht mit einem fremden Mann, sondern mit Ihrer besten Freundin unterwegs wären. Vielleicht würden Sie vorschlagen, doch lieber in einen anderen Film zu gehen oder besser zum Italiener als zum Japaner oder, oder, oder. Reden Sie genau so mit Ihrer Verabredung. Stimmt er Ihnen zu, haben Sie bereits gemeinsam einen Plan geändert. Überzeugt er Sie von der Ursprungsidee – wissen Sie jetzt schon, dass er ein durchsetzungsfähiger Mann ist, und befinden sich in einer Situation, die viel natürlicher ist als die anfängliche Steifheit, denn Sie haben etwas ausdiskutiert.

Reden Sie sofort in der Wir-Form mit ihm: «Sollen wir losgehen?», «Wann müssen wir denn da sein?», «Sollten wir uns eine Vorspeise teilen oder direkt mit dem Hauptgang anfangen?», «Wir müssen uns beeilen!» Diese Methode wirkt in fast jedem Fall auftauend.

Die Anspannung nehmen

Wenn Sie bei anfänglichen Unsicherheiten bemerken, dass Ihre Verabredung übertreibt, wissen Sie sicher, dass er sich vor Ihnen produzieren *muss*. Wenn er beispielsweise einen Tisch in seinem Lieblingsrestaurant bestellt hat und Sie beide dann in einer ungemütlichen Ecke landen, wird er sich darüber viel mehr aufregen als im Normalfall. Denn eine erste

Verabredung ist kein Normalfall, und ein aufgeregter Mann ist kein normaler Mann, sondern häufig ein Gockel.

Viele Männer setzen sich gerade beim ersten Date enorm unter Druck. Sie meinen, der Flirtpartnerin, also Ihnen, so eindrücklich wie möglich klarmachen zu müssen, dass Sie es mit dem erfolgreichsten, stärksten, intelligentesten und witzigsten Mann der ganzen Stadt zu tun haben. Die Konkurrenz schläft schließlich nicht! Insiderinnen sprechen daher auch vom Gockelsyndrom, das ein harmonisches, entspanntes Date – je nach Ausprägung – im schlimmsten Fall unmöglich macht. Um einer anstrengenden Solo-Performance vorzubeugen, sollten Sie großzügig sein und ihm zu Beginn einige Vorschusslorbeeren gönnen. Schenken Sie ihm ein wenig Anerkennung und lobende Worte. Wenn Ihr Flirtpartner kein hoffnungsloser Egozentriker ist, wird er seine Gockelattacken (und die damit verbundene Anspannung) sicher bald überwinden.

Wenn Sie ihn mögen, signalisieren Sie ihm ruhig mehrmals, dass alles in Ordnung ist. Denn erst wenn er sich etwas sicherer fühlt, kann er sich beruhigen und Ihnen zeigen, wer er wirklich ist.

Spiegeln

Seien Sie clever und machen Sie sich Ergebnisse aus der Verhaltensforschung zunutze. Menschen, die Sympathie füreinander empfinden oder verliebt sind, spiegeln während des Gesprächs (meist unbewusst) die Gesten und Bewegungen ihres Gegenübers.

Achten Sie also besonders am Anfang genau auf seine

Körpersprache. Streicht er sich beispielsweise über den Arm oder schlägt die Beine übereinander, tun Sie dasselbe. Allerdings sollten Sie darauf achten, dass Ihre Reaktionen natürlich und eher beiläufig wirken – plumpes Nachäffen ist unbedingt zu vermeiden! Sie werden staunen, wie gut diese simple Maßnahme funktioniert.

Lachen

Es gibt keine angenehmere Art, das Eis zum Schmelzen zu bringen, als ein Lachen Ihrerseits. Leider hat die Sache jedoch einen Haken, und jede Frau, die schon mal versucht hat, auf Knopfdruck zu lächeln oder zu lachen – vielleicht für ein Foto –, weiß, dass dies nicht so einfach ist wie gemeinhin behauptet. Bei großer innerlicher Anspannung kann ein erzwungenes Lachen geradezu grotesk wirken, und die traurige Wahrheit ist: Je mehr Sie sich darum bemühen, umso geringer werden Ihre Chancen auf den schönsten Ausdruck freudiger Heiterkeit in Ihrem Gesicht. Versuchen Sie also bitte nichts zu forcieren. Bietet die Situation keinen Anlass zum Lachen, dann geben Sie auch nicht mehr als ein Lächeln (das allerdings kann schon helfen). Seien Sie vielmehr offen und vertrauen Sie auf den jahrhundertealten weiblichen Erfahrungsschatz – der besagt, dass gerade beim ersten Date die Quote der ungeschickten und komischen Momente recht hoch ist. Sie müssen also nur hinsehen. Ein lustiger Zeitgenosse wird sicher automatisch versuchen, Sie zum Lachen zu bringen, und ein zu ernster bietet Ihnen häufig unfreiwillig Anlass zum Schmunzeln.

Ich rate Ihnen übrigens, nicht nur über das eventuell

vorhandene komische Talent Ihres Begleiters zu lachen. Sie sollten es unbedingt auch mit Humor nehmen, wenn bei Ihrer Verabredung etwas schiefläuft. Es ist wichtig, dass Sie beide Gefallen aneinander finden – der Ort oder die Veranstaltung sind nebensächlich. Bei vielen Menschen setzt ein völlig unbegründetes «Fremdschämen» ein, wenn sie einem anderen imponieren wollen und ihn beispielsweise zu einer Veranstaltung einladen, die sich dann als Flop entpuppt. Denken Sie auch in solchen Fällen daran, wie Sie mit dieser Situation umgehen würden, wenn Sie nicht mit einem fremden Mann, sondern mit Ihrer besten Freundin unterwegs wären: Sie würden einfach nur die Augen verdrehen, lachen und die Veranstaltung wahrscheinlich verlassen. Entschuldigen würden Sie sich aber nicht, schließlich konnten Sie nicht wissen, dass es sich um einen Flop handelt. Egal, ob Sie nun auf einer langweiligen Party, in einem dummen Film oder in einer schwach inszenierten Opernaufführung landen – das ist weder Ihr Problem noch das Ihres Begleiters. Lachen Sie bitte *gemeinsam* darüber.

Körperkontakt suchen

Ich werde Ihnen sicher keine Neuigkeit verraten, wenn ich Ihnen sage, dass Ihre schärfste Waffe im Kampf gegen das Eis der direkte Körperkontakt ist. Dementsprechend sollte dieser dosiert und wohl überlegt eingesetzt werden. Um Spannungen zu lösen, müssen Sie Ihrem Date natürlich nicht gleich unbedingt um den Hals fallen. Ganz im Gegenteil, bei vorzeitigem oder überengagiertem Körpereinsatz kann er sich sogar – je nach Typ – überrumpelt fühlen. Das erfolgreiche Herantasten erfordert vielmehr ein wenig Fingerspitzengefühl, demnach kann schon eine kleine, gezielte Berührung die Wunder der zwischenmenschlichen Biochemie in Gang setzen.

Legen Sie ihm doch einfach mal die Hand auf den Unterarm, wenn Sie etwas betonen möchten, oder haken Sie sich ganz selbstverständlich bei ihm unter, wenn Sie den Ort wechseln. Hierbei sollten Sie übrigens keine Hemmungen haben, denn wenn es sich bei Ihrer Verabredung um einen Kavalier handelt, ist es selbstverständlich für ihn, dass er Ihnen seinen Arm anbietet.

Gute Themen,
schlechte Themen

Nicht jeder Mensch ist in der Lage, sich einer neuen Bekanntschaft sofort zu öffnen. Selbst im Allgemeinen sehr kommunikative Menschen haben bei neuen Begegnungen nicht selten Anlaufschwierigkeiten. Wenn der Redefluss bei Ihrem Partner nicht richtig in Gang kommen will, muss das daher nicht gleich heißen, dass Sie sich mit einem Stockfisch verabredet haben. Es kann auch sein, dass er gehemmt ist, an chronischer Schüchternheit leidet oder – und das wäre ein sehr schöner Fall – dass Sie ihm die Sprache verschlagen haben.

Wenn es Ihnen ebenfalls die Sprache verschlagen hat, befinden Sie sich nun mitten im großen Schweigen. Bei zwei fast Unbekannten ist es eher selten, dass man sich im Meer der Stille wohlfühlt. Diese Situation zu vermeiden ist aber nicht schwer, wenn Sie sich vorher ein paar Themen zurechtlegen.

Sehen Sie es doch mal so: Ein netter Smalltalk wird immer Ihr Sicherheitsnetz sein. Tiefere Gespräche ergeben sich bei gegenseitigem Interesse dann ganz von allein.

Aber Vorsicht: Sie treffen sich weder mit Ihrer besten Freundin noch mit Ihrem Beichtvater oder Therapeuten. Sie flirten. Verlieren Sie daher nie den Umstand aus den Augen, dass Sie sich a) bestmöglich präsentieren wollen, b) eine

Ermittlung führen, also herausfinden möchten, mit welchem Typ Mann Sie es zu tun haben, und c) dass Sie sich bestens amüsieren wollen.

Eine gute Bekannte meinte einmal scherzhaft zu mir: «Beim Flirten gibt es kein schlechtes Gesprächsthema – solange sie nur ein tiefes Dekolleté trägt.»

Natürlich wird auch Ihnen als Frau nicht entgangen sein, dass Männer auf die Betonung optischer Reize ähnlich reagieren wie Katzen auf einige Tropfen Baldrian. Ich gestehe hiermit öffentlich: Ja, wir Männer sind manipulierbar!

Dennoch möchte ich meiner Bekannten widersprechen, denn es gibt diverse Themen, mit denen Sie beim Flirten – ob nun mit oder ohne tiefen Ausschnitt – höchstwahrscheinlich eine Bruchlandung erleben werden. Solche Themen sollten beim ersten Date also besser unangesprochen bleiben.

Was sich eignet und was nicht – hier ein kleiner Überblick:

Gute Themen

Sie beide

Sie haben sich getroffen, weil Sie aneinander interessiert sind. Wenn Sie von sich selbst erzählen, haben Sie die Möglichkeit, sich genau in dem Licht darzustellen, das Ihnen am meisten schmeichelt. Picken Sie sich daher wie Rosinen aus dem Kuchen die Themen heraus, die Sie betreffen und über die Sie gern reden möchten. So vermeiden Sie Fragen, die Ihnen nicht passen.

Denken Sie vorab kurz darüber nach, was Ihr Gegenüber seinen Freunden am nächsten Tag über Sie erzählen soll. Zum

Beispiel: Sie sieht nicht nur gut aus, sondern hat auch was in der Birne und dazu einen großartigen Humor. Überlegen Sie sich, welche Informationen aus Ihrem Leben ihn dazu bringen werden, so über Sie zu reden.

Tipp 1: **Achten Sie darauf, dass Sie niemals Ihren bisherigen Lebenslauf herunterleiern**
Erstens lieben wir Männer geheimnisvolle Frauen, und zweitens picken Sie sich ja die Rosinchen heraus.

Tipp 2: **Entdecken Sie Gemeinsamkeiten**
So schaffen Sie weitere Themen und vor allem Harmonie.

Tipp 3: **Stellen Sie interessierte Fragen**
Sie wissen, wie sehr Männer das zu schätzen wissen. Er ist Spezialist auf einem Fachgebiet? Er wird es lieben, Ihnen davon zu erzählen. Finden Sie Gemeinsamkeiten und Unterschiede heraus, und Sie werden schnell feststellen, dass Sie beide das Thema der Verabredung sind. Wenn das funktioniert, brauchen Sie keine Sekunde darüber nachzudenken, worüber Sie als Nächstes reden könnten.

Alles, was Sie mögen

Es lässt Sie in einem guten Licht dastehen, wenn Sie begeistert sind von dem, was Ihnen das Leben zu bieten hat, egal ob Ihr Beruf, Ihre Kinder oder Ihre Hobbys. Während Sie von geliebten Menschen und Dingen erzählen, werden Sie feststellen, dass Ihre Stimmung steigt. Das wiederum macht Sie zu einer glücklichen und damit auch strahlenden Frau. Ganz automatisch. Außerdem sollte es den Gentleman interessieren, was Sie mögen, und er sollte hoffen, dass auch er eines Tages zum erlauchten Kreis derer gehören darf, die Sie schätzen.

Hier bietet sich übrigens eine gute Gelegenheit, etwas mehr über Geschmack und Stil Ihres Begleiters herauszufinden. Filme, Bücher und Musik gehören unbedingt zum Gesamtbild, das Sie sich während des oder nach dem ersten Date machen sollten.

Alles, was Sie können

Sie müssen keinen Kopfstand in einem Restaurant vorführen, um einen Mann von Ihrer körperlichen Fitness zu begeistern. Aber das, was Sie zu bieten haben, will er schon hören, schließlich regt das seine Phantasie an und veranlasst ihn zu der Frage, wie diese Talente wohl sein Leben verschönern könnten. Es wird Dinge geben, die er nun mal nicht kann, die ihn aber interessieren und für die er Sie bewundern wird. Im besten Fall werden Sie gemeinsam herausfinden, was Sie beide können und mögen, und das wird Ihnen Ideen für Ihre nächsten Verabredungen liefern.

Tipp 1: Überlegen Sie sich schon vor dem Date, was Sie zu etwas Besonderem macht
Nur so finden Sie einen Weg, diese Informationen unterzubringen, ohne dabei wie eine Angeberin oder ein naseweises kleines Mädchen zu wirken.

Tipp 2: Fragen Sie ihn aus
Was interessiert Sie? Kann er tauchen, singen, Motorrad fahren, schreinern oder OPs am offenen Herzen durchführen? Können Sie das auch? Die Interview-Situation beim ersten

Date bietet Ihnen eine Vorlage nach der anderen: Können Sie etwas Interessantes nicht, dürfen Sie Ihren Herzbuben dafür bewundern. Sie wissen sicher, dass Lob und Anerkennung ein absolutes Muss im Umgang mit Männern sind und natürlich die Stimmung heben. Kann er etwas nicht, das Sie bestens beherrschen, haben Sie außerdem die Möglichkeit, es preiszugeben und darüber zu sprechen. Stellen Sie Ihr Licht also nicht unter den Scheffel, denn a) tun das die meisten Männer auch nicht und b) ist eine Frau, die viele oder besondere Fähigkeiten hat, von Haus aus interessant.

Schlechte Themen

Ihre Schönheitsgeheimnisse und -probleme

Wir Männer sind ergebnisorientiert. Sicher wissen Sie das, vergessen es aber häufig, denn schließlich leben Sie in der bunten Gefühlswelt einer Frau.

An Frauen gefällt uns meist das, was wir sehen, ohne dass wir dabei an den schweren und harten Weg dahin denken. Nutzen Sie diese Tatsache und bedanken Sie sich erfreut für die Komplimente, die Ihr Begleiter Ihnen macht. Die Wahrheit dahinter ist häufig ein spannendes Gesprächsthema unter Frauen, jedoch kein Thema für den Flirt mit einem neuen Mann.

Wenn er Ihnen sagt, dass er Sie attraktiv findet, schmunzeln Sie glücklich in sich hinein, und sparen Sie sich die folgenden Antworten bitte für Ihre Freundinnen auf:

«Ich habe auch die ganze Woche gehungert.»

«Die Wimpern sind falsch, meine eigenen sind kurz und weiß.»

«Sieht gut aus, war aber spottbillig. Toll, oder?»

«Früher sah ich viel besser aus, aber ich habe seit Jahren nichts für mich getan.»

«Danke. Eigentlich bin ich auch ganz zufrieden, wenn nur diese fetten Oberschenkel nicht wären.»

«Du solltest mal meine Schwester sehen. Dagegen bin ich eine graue Maus.»

«Zum Glück hast du mich noch nie nackt gesehen.»

«Das hat mir noch nie jemand gesagt.»

Ärger, Enttäuschungen und Niederlagen

Ihr neues Date kann nichts für Ihren vielleicht enttäuschenden Exmann oder -freund. Dessen ungeachtet hat Ihr Ex einfach nichts bei Ihrer Verabredung verloren und gilt als Stimmungskiller – nicht nur bei Ihnen, sondern sicherlich auch bei Ihrer neuen Bekanntschaft. Niemand möchte als Trostpflaster für eine schiefgelaufene Beziehung herhalten.

Sie beide sollten sich vielmehr anfangs in der wunderbaren Illusion wiegen, allein auf der Welt zu sein. Schalten Sie auf Neustart und verschwenden auch Sie keinen Gedanken daran, mit wem der Mann an Ihrer Seite wohl vorher zusammen war. Dieses Thema hat Zeit für eventuell folgende Verabredungen und gilt beim ersten Treffen als absoluter Flirtkiller. Lassen Sie die vergangenen Enttäuschungen also bitte keine Schatten werfen.

Vorsicht auch, wenn es um große Probleme und Krisen geht. Natürlich müssen Sie nicht nur oberflächlich plänkeln, aber Sie sollten bei ernsten Themen darauf achten, dass Ihnen beiden dabei nicht die Lust am Flirten vergeht. Verlieren Sie nicht aus den Augen, dass Sie am besten flirten, wenn Sie Leichtigkeit zulassen.

Betroffenheit

In der Anfangsphase, in der Phase des Flirts oder der Balz zeigen wir uns von unserer besten Seite. Wir schillern und leuchten, wir lachen und schäkern.

Auch wenn die Welt nicht so ist, wie sie sein sollte – zu Beginn einer knisternden Begegnung laufen Sie mit großen, schwerwiegenden und vor allem nicht änderbaren Problemen Gefahr, die erotische Stimmung zu verscheuchen.

Um einen Mann richtig einschätzen zu können, ist es sicher sehr interessant für Sie, welche Partei er wählt, woran er glaubt und wie es um seine Finanzlage bestellt ist. Behandeln Sie diese Themen aber bitte mit Leichtigkeit und Humor und springen Sie weiter, sobald Sie die Information haben, die Sie brauchten. Bleiben Sie nicht in einer Diskussion über unangenehme Politiker, Missstände, Pleiten oder Katastrophen stecken, denn dann bleibt Ihnen früher oder später auch das Lachen im Halse stecken.

Betroffenheit an falscher Stelle wird sehr oft belächelt oder abgelehnt. Sie werden die Welt nicht verbessern, indem Sie Ihren neuen Flirtpartner vorwurfsvoll oder verbittert über all die Ungerechtigkeit dieser Welt in Kenntnis setzen. Auch das Einmischen in die Lebensgewohnheiten Ihres Gegenübers wird die Flirtlaune höchstwahrscheinlich verderben.

Wenn Sie zu den Frauen gehören, die am liebsten die Todesstrafe gegen den Konsum von Fleisch, das Rauchen oder das Autofahren verhängen würden, halten Sie es entweder anfangs geheim oder verabreden Sie sich nur mit Gleichgesinnten.

Themen, die Sie nicht interessieren

Viele Frauen sind offen, tolerant und interessiert an zahlreichen Themen. Dafür lieben wir Männer Sie. Wenn Sie sich allerdings auch selbst lieben, was Sie unbedingt tun sollten, dann quälen Sie sich bitte nicht unnötig mit typischen Männerthemen herum. Sie müssen keine Sachverständige in den Bereichen Auto, Motor und Sport werden, um zur Männerflüsterin zu werden.

Denken Sie lieber umgekehrt!

Stellen Sie sich vor, ein Mann möchte ständig mit Ihnen über Schauspielerinnen lästern und fragt Sie, welcher Nagellack am längsten hält. Bei diesem Herrn handelt es sich vielleicht um Ihren Friseur oder einen ganz bezaubernden Freund, aber mit Sicherheit nicht um Ihren neuen Flirtkandidaten.

Sehen Sie? Der Mann, mit dem Sie sich verabreden, hat sicher ebenfalls genügend Bekannte, mit denen er über spezielle Männerthemen reden kann, sollten sie ihn denn interessieren. Denn nicht alle Männer sind so, wie sie von Standup-Comedians gerne dargestellt werden.

Selbst wenn Sie ab und zu gähnen müssen und es an der Zeit ist, dass Sie ihn auf ein anderes Thema bringen, bleiben Sie fair und suchen Sie nach Themen, zu denen Sie beide etwas beitragen können.

Tipp 1: **Seien Sie offen, aber konsequent**

Wenn Ihr Gespräch in ein Spezialthema abdriftet, in dem Sie so ganz und gar nicht zu Hause sind, intervenieren Sie sanft. Dass Sie sich nicht für Computerspiele, Horrorfilme, Modellflugzeuge oder bestimmte Musikrichtungen interessieren, schmälert Ihren Wert nicht im Geringsten. Es ist normal, dass ein Mann Ihnen von den Themen berichtet, die einen Platz in seinem Leben einnehmen, doch Sie müssen sie nicht zwangsläufig mit ihm teilen. Indem Sie ihm sagen, dass Sie dazu leider überhaupt nichts beizutragen haben, geben Sie ihm sinngemäß auch ein Wecksignal: «Hallo Süßer! Du sitzt hier nicht mit deinem Kumpel, mit dem du daddeln kannst, sondern mit einer Frau, von der du viel mehr willst als das.»

Tipp 2: **Wenn Sie allerdings eine Koryphäe auf einem Männerfachgebiet sind, punkten Sie damit**

Die Zeiten, in denen z. B. Fußball reine Männersache war, sind passé. Ich habe schon mehr als einmal erlebt, wie ein junger Mann, als seine attraktive Gesprächspartnerin am Tisch das Thema wechselte, um das letzte Spiel der Fußball-National-mannschaft auszuwerten, nur ratlos erwiderte: «Sorry, mit Fußball kenne ich mich gar nicht aus.»

Dass es Ihnen einmal genauso ergehen könnte, ist nicht an-zunehmen, denn noch gibt es genügend Männer auf der Welt, die enormes Interesse am deutschen Volkssport Nummer eins haben. Falls Sie sich also auch nur ein bisschen auf diesem Gebiet auskennen, sollten Sie mit Ihrem Fachwissen auch glänzen. Tauschen Sie sich mit Ihrem Date über Lieblings-spieler und spielerische Höhepunkte aus, beeindrucken Sie ihn mit Ihrer Kompetenz und freuen Sie sich insgeheim, wenn der Gesprächsverlauf leidenschaftlicher wird, denn genau das ist Ihr Ziel!

Esoterik/spirituelle Erfahrungen

Auch wenn Sie fest davon überzeugt sind, dass das weite Themenspektrum der Esoterik mehr als nur spirituelle Spinnerei ist, und Sie möglicherweise tiefgreifende persönliche Erkenntnisse gesammelt haben, die Sie gerne mit jemandem teilen möchten – tun Sie sich und Ihrem Partner beim ersten Date einen Gefallen und lassen Sie es bleiben!

Spirituelle Erfahrungen sind rational nicht erklärbar, und selbst wenn Ihr Date diesem Thema offen und vorurteilsfrei gegenüberstehen sollte (was selten genug vorkommen wird), ist die Chance groß, dass Sie missverstanden werden und den Eindruck einer leicht verschrobenen Gestalt hinterlassen. Falls Sie jetzt meinen, dies sei für eine anregende Konversation nicht die schlechteste Voraussetzung, muss ich Ihnen natürlich recht geben. Im besten Fall könnte man sich eine solche Frau als Schlüsselfigur in einem spannenden Mystic-Thriller vorstellen. Nur vergessen Sie bitte nicht, die Hauptrolle in einer romantischen Komödie wird nur in Ausnahmefällen mit einem esoterischen Freak besetzt.

Tipp: **Finden Sie heraus, wie er zu diesem Thema steht**
Ich will übersinnliche Phänomene und Themen gewiss nicht verallgemeinern und verdammen. Aber landen werden Sie mit diesen Themen prinzipiell nur bei Menschen, die dafür offen sind. Jemanden, der Übersinnliches als Humbug abtut, zu überzeugen, ist häufig ein sinnloses Unterfangen. Wenn Sie auf Ablehnung stoßen, jedoch weiter Überzeugungsarbeit leisten, besteht außerdem die Gefahr, dass Sie sich lächerlich machen.

Gutes Thema, schlechtes Timing

Wir Männer sind nicht vom Mars, aber es bleibt dabei, dass Sie, verehrte Damen der Schöpfung, das kommunikativere Geschlecht sind. Auch werden Sie des Öfteren gelesen oder gehört haben, dass Männer weniger oft oder weniger gern viele Dinge gleichzeitig tun. Das muss nicht auf alle Männer zutreffen, doch ich kann Ihnen versichern, dass schwerbeschäftigte Männer Ihnen nur ihr halbes Ohr schenken werden.

Tipp 1: **Sparen Sie sich Themen, die Ihnen am Herzen liegen, für Momente auf, in denen Ihr Begleiter Ihnen seine volle Aufmerksamkeit widmet**
Ein Mann, der gerade einparkt, eine Rechnung begleicht, einen Hummer zerlegt, zum ersten Mal auf Schlittschuhen steht, einem Kinofilm folgt oder seine Schlüssel sucht, *kann* meist gar nicht adäquat auf Ihre Geschichten reagieren, selbst wenn er wollte.

Das gilt nicht nur für ein Gespräch, sondern auch für den handfesten Flirt. Wenn Sie sich den ganzen Abend bedeckt gehalten haben und sich erst aus der Reserve trauen, wenn er verzweifelt nach dem unaufmerksamen Kellner ruft, kann er Ihren heißen Blick womöglich nicht angemessen goutieren.

Natürlich soll Sie das jetzt nicht davon abhalten, einen ernsten oder verbissenen Mann aufzulockern und ordentlich abzulenken – wenn der Zeitpunkt Ihnen als passend erscheint.

Tipp 2: **Immer schön der Reihe nach**

Mit einem Mann, der Ihnen gefällt, haben Sie vielleicht Lust, alles zu besprechen. Erlaubt ist, was gefällt, aber beachten Sie unbedingt die Reihenfolge. Je vertrauter Sie bereits miteinander sind, desto mehr darf es auch in Richtung Intimitäten und Geheimnisse gehen. Auch unangenehme oder traurige Themen finden ihren Platz und gehören in jedes Leben. Aber wie bereits erwähnt: Nehmen Sie sich dafür Zeit, bis Sie wissen, wen Sie vor sich haben und ob es angebracht ist, sich derart zu öffnen. Menschen, die andere mit intimen Geständnissen überfallen, erwecken beim Gegenüber nämlich den Verdacht, kein anderes Thema zu haben als besagtes Problem oder bei jeder neuen Begegnung sofort ihr Innerstes nach außen zu kehren. Glauben Sie mir: Uns Männer verstört das.

Tipp 3: **Machen Sie es sich leicht**

Gehen Sie chronologisch von leicht bis schwierig vor. Leicht ist es, über den gemeinsam gesehenen Film zu sprechen, über den Skiurlaub und über das beste Restaurant der Stadt. Derartige Themen können Sie mit jedermann besprechen und dabei auch noch mehr über ihn erfahren und mit ihm flirten. Wenn die Chemie zwischen Ihnen weiterhin stimmt, dürfen Sie ruhig mehr Persönliches preisgeben.

Tipp 4: **Hören Sie sich selbst zu**

Als sensible und empathische Frau werden Sie diese Reihenfolge in der Regel ganz automatisch einhalten, doch neigen wir alle dazu, fremden Menschen, die uns begeistern, zu schnell zu viel preiszugeben.

Sie müssen keine Zwangsvorstellungen aufbauen und sich permanent von außen betrachten, doch beugen Sie dieser

Situation vor: Sie wachen am Morgen nach Ihrer ersten Verabredung auf, fassen sich an den Kopf und verstecken sich sofort wieder unter der Decke. Dort denken Sie reumütig und verschämt darüber nach, was Sie diesem fremden Mann am Abend zuvor alles anvertraut haben, und wissen nicht, ob Sie ihm jemals wieder in die Augen schauen können.

Sehen Sie? Diese Situation gilt es auf jeden Fall zu vermeiden!

Delikate Themen

Hierbei handelt es sich um Themen, die bei der ersten Begegnung aufs Tapet kommen werden, weil sie zum Beispiel in der Luft liegen, und die Sie dennoch mit größter Vorsicht und Sensibilität angehen sollten. Weil sie so delikat sind, oder aber weil Sie eine Frau sind, die nicht sofort mit der Tür ins Haus fällt und die ihre Geheimnisse gut zu hüten weiß.

Stellen Sie sich dar, doch ziehen Sie sich nicht aus! Auch dann nicht, wenn Ihr Begleiter das sicher gerne hätte. Noch befinden wir uns allerdings beim Thema Kommunikation, deshalb rede ich hier auch von einem Seelenstriptease. Letzterer ist beim ersten Date so unpassend wie die Frage, ob der Herr Ihnen vielleicht mit ein paar Tausend Euro aushelfen könnte.

Sex

Drei Buchstaben, noch dazu sehr wichtige Buchstaben. Sie zu ignorieren, wäre daher mehr als ignorant.

Sie treffen sich mit einem Mann, für den Sie sich interessieren, ebenso wie er an Ihnen Gefallen findet. Einige

Menschen sind sehr schnell und radikal im Ausdruck ihrer Wünsche und kommen direkt zur Sache. Ich möchte aber davon ausgehen, dass Sie beide lieber eine Weile umeinander herumscharwenzeln, um die Spannung zu erhöhen. Egal ob Sie romantisch, vorsichtig, unsicher oder nur abwartend sind – Sie bestehen auf ein Kennenlernen und Beschnuppern, und dazu möchte ich Ihnen auch gratulieren. Diese Phase gehört nämlich immer wieder aufs Neue zu den aufregendsten Situationen in unserem Leben.

Natürlich ist Sex ein Thema, auch wenn Sie nicht sofort darüber reden: Sexuelle Energie und Anziehungskraft hängen beim gelungenen ersten Date stets unausgesprochen in der Luft …

Tipp 1: **Genießen Sie die Situation**
Wenn es knistert, lassen Sie es ruhig knistern. Tun Sie so, als würden Sie davon nichts mitbekommen, und spannen Sie Ihren Verehrer ein bisschen auf die Folter: Er rückt näher, Sie rücken nicht weg, aber reden weiter über das Thema, bei dem Sie gerade sind. Fordern Sie ihn verschmitzt auf, sich auf Ihre Rede zu konzentrieren, etwa mit: «Wem hörst du gerade zu? Meinem Ausschnitt oder mir?», oder: «Danke! Mit deiner Hand auf meinem Knie kann ich mich viel besser konzentrieren. Wo war ich noch gerade? Bei meinem Großvater, richtig!»

Tipp 2: **Lassen Sie Ihr Nähkästchen zu**
Zeigen Sie, dass Sie keine Nonne sind, aber reden Sie nicht über Ihr bisheriges Sexualleben, sondern über Dinge, die sinnlich und erotisch sind. Darüber, dass Sie Massagen mögen, welche Musik oder Musiker Sie sexy finden oder etwas, das

Sie so aufregend, schön oder lecker finden, dass Sie dafür alles geben oder tun würden. Der Schlüsselsatz «Dafür würde ich alles tun!» wird in der Phantasie Ihres Gegenübers eine wahre Bilderflut auslösen.

Unzulänglichkeiten

Mit diesem Abschnitt möchte ich Sie aufbauen. Der Grund dafür sind all die wundervollen Frauen, die sich beim Erst-kontakt mit Männern weit unter Wert verkaufen. Lassen Sie mich Ihr Coach sein, der Ihnen zuruft: Sie sind toll! Also ver-kaufen Sie sich auch so!

Stellen Sie sich ein Vorstellungsgespräch in einer Firma vor, bei der Sie dem Personalchef als Erstes erzählen, dass Sie sich häufig verspäten, oft krank sind und außerdem sehr schwer von Begriff. Wenn Sie den Job trotzdem bekommen, dann nur, weil Sie ein geheimes Talent haben, auf das die Firma dringend angewiesen ist – etwa Papier in Geld zu ver-wandeln. Ansonsten stünden Ihre Chancen eher schlecht.

Auch Ihrer neuen Bekanntschaft werden Sie vorerst nicht die Gelegenheit geben, Sie kritisch zu betrachten. Erst wenn er Ihre liebenswerten Eigenschaften zu schätzen weiß, wird er die anderen ganz selbstverständlich mit ins Gesamtpaket aufnehmen. Denn sie gehören natürlich dazu. Vielleicht wird er Ihre Macken und Mängel ja sogar lieben oder, und das ist sogar sehr wahrscheinlich, gar nicht als Macken oder Mängel sehen.

Männer betrachten Sie anders als Sie sich selbst.

Das häufigste und gängigste Beispiel dafür ist die Selbst-einschätzung von Frauen, wenn es um die Figur geht. Es ist nachgewiesen, dass Männer die meisten der Pfunde, gegen die 90 Prozent der Frauen so vehement ankämpfen, gar nicht bemerken oder gar als schön und sexy betrachten.

Es geht vielmehr darum, dass Sie dem Mann als Gesamtkunstwerk gefallen. Ist das nicht der Fall, so ändert sich auch nichts daran, wenn Sie in der Woche darauf fünf Kilo abnehmen würden – das versichere ich Ihnen.

Tipp 1: **Spielen Sie Yin und Yang**

Die eigenen Schwächen zuzugeben hat auch seinen Charme. Um das Bild abzurunden und keine Mängelliste entstehen zu lassen, sollten Sie Ihre winzigen Fehlerchen jedoch nur dann einfließen lassen, wenn es eigentlich gerade um Ihre Vorzüge geht. Das Leben ist manchmal auch gerecht, deshalb sind Sie zwar ein Sprachgenie, tun sich aber mit dem Rechnen schwer. Füttern Sie Ihre Beute genau mit den Häppchen, die Ihnen für Ihren Gesamteindruck wichtig sind. Den Rest heben Sie sich für später auf.

Tipp 2: **Selbstironie macht sexy**

Da keiner alles kann und die wenigsten Frauen es nötig haben, sich über Stunden hinweg nur aufzuplustern (wie Männer es zuweilen tun), werden Sie vielleicht sogar Spaß daran haben, Ihren Begleiter recht schnell mit ein paar Ihrer Besonderheiten zu konfrontieren. Die Betonung liegt auf Spaß! Lachen Sie über sich selbst, weil Sie ein hoffnungsloser Fall am Herd sind, weil Sie schwimmen wie eine bleierne Ente oder weil die Polizei mit Blaulicht kommt, wenn Sie Karaoke singen. Damit zeigen Sie, dass Sie sehr gut mit den Dingen leben können, die Sie nicht beherrschen. Abgesehen davon macht diese offensive Umgehensweise Ihr Gegenüber zugänglicher. So entsteht kein Konkurrenzkampf zwischen Superman und Superwoman, sondern er wird sich trauen, ebenfalls ein paar Punkte von seiner Minusliste zum Besten zu geben.

Drängende Wünsche

Sie können es kaum erwarten, sich fest zu binden und Kinder in die Welt zu setzen? Vorsicht: Sie befinden sich immer noch in der Phase der guten Selbstdarstellung. So gut Sie sich auch unterhalten mögen – Sie kennen Ihr Gegenüber kaum!

Jede Frau weiß, dass ihr drängender Kinder- und Heiratswunsch in der anfänglichen Flirt- und Balzphase nichts verloren hat. Und zwar weil er Männer verunsichert, verschreckt und schließlich in die Flucht schlägt. Umgekehrt ist es übrigens häufig genauso: Selbst die bindungswilligsten Frauen reagieren verschnupft, wenn ein Mann sofort von Heirat spricht.

Diese Art der Überstürzung lässt beim Gegenüber immer Zweifel aufkommen und den Absender als verzweifelt dastehen. Sie wirken verkrampft, panisch und fordernd, und Ihr Gegenüber wird sofort an Ihrem Marktwert zweifeln.

Tipp 1: Zeigen Sie, dass Sie mit Ihrem Leben zufrieden sind

Wenn Sie ehrlich zugeben, dass Sie an einer ernsthaften Beziehung interessiert sind, ist das Ihr gutes Recht. Aber machen Sie nicht den Fehler, sich als ungeduldig Wartende darzustellen.

Vermitteln Sie dagegen das Gefühl, dass Ihr Leben funktioniert und Spaß macht, ob nun mit oder ohne Partner, erhalten Sie sich Ihre Position. Und das sollte immer die einer

Frau sein, über die Ihr Flirtobjekt mehr erfahren möchte und die er erobern will.

Tipp 2: **Vergessen Sie das Flirten nicht**
Eine Frau, die angestrengt versucht herauszufinden, ob Ihr Gegenüber der passende Heiratskandidat oder Kindsvater wäre, vergisst oft zu flirten. Flirten ist ein Spiel. Die Bedingungen für eine ernsthafte Beziehung abzuklären ist dagegen eine ernsthafte Angelegenheit. Fahren Sie daher eine Strategie der kleinen Schritte. Gefällt Ihnen Ihr Gegenüber, geht es vorerst um die nächste gemeinsame Unternehmung und auf keinen Fall um einen Wohnungswechsel oder gar die Familienplanung. Planen Sie leichte, unverfängliche und amüsante Unternehmungen. Laden Sie Ihr Gegenüber zu Aktivitäten ein, die Spaß versprechen und keinesfalls Verantwortung mit sich bringen.

Vorsicht: **Erotikkiller**
Das körperliche Begehren sollte sich vorerst nur auf Sie beide beziehen und nicht auf seinen ursprünglichen Zweck: die Fortpflanzung. Das gilt für Frauen und Männer gleichermaßen: Erwecken Sie nie den Eindruck, dass Sie Ihren Partner am liebsten sofort ehelichen möchten. Sie wirken dann nur unselbständig und verkrampft.

Kleiner Notfallratgeber für das erste Date

Denken Sie beim ersten Treffen grundsätzlich positiv und gehen Sie immer unverkrampft und mit Spaß an die ganze Sache heran.

Wenn Sie schon länger auf dem «freien Markt» waren, halten Sie sich vor Augen, dass ein Flirt und eine erste Verabredung niemals eine Garantie für Ihre nächste lange Beziehung sein können, sosehr die Eckdaten auch anfangs übereinstimmen mögen.

Zwei Dinge sollten Sie daher beim Daten unbedingt tun: Jedes Date als Bereicherung, Erfahrung und Training verbuchen. So komisch es auch läuft, es ist ein Abenteuer. Und – nehmen Sie das jetzt bitte sehr ernst – immer zweimal hinschauen! Viele Männer werden durchaus interessanter, wenn Sie ihnen ein bisschen Zeit widmen.

Sie treffen einen Mann zum ersten Mal und sind von seinem Aussehen enttäuscht

Ich höre es immer wieder und vor allem immer häufiger. Viele Männer machen sich in ihren Annoncen oder Internetprofilen deutlich größer, schlanker, jünger und erfolgreicher, als sie sind. Auch wenn der erste Anblick Ihrer Verabredung Sie extrem enttäuscht, lassen Sie es sich bitte nicht anmerken und sehen Sie es mal so: Jede Verabredung ist ein Abenteuer, eine Lektion für Sie und bietet Ihnen den besten Gesprächsstoff überhaupt (vor allem am nächsten Tag mit Ihren Freunden). Dafür müssen Sie sich allerdings auf die Verabredung einlassen, nur dann funktioniert es.

Tipp 1: **Behalten Sie unbedingt Ihre gute Laune**
Denken Sie jetzt schon an das nächste Telefonat mit Ihrer Freundin und schmunzeln Sie in sich hinein.

Tipp 2: **Stürzen Sie sich ins Abenteuer**
Da Sie schon einmal hier sind, werden Sie nicht gleich wieder verschwinden, nur weil Monsieur Ihnen fälschlicherweise ein Bild aus Kindertagen geschickt hat. Vielmehr erwarten Sie gespannt, was er tatsächlich zu bieten hat.

Tipp 3: **Warten Sie ab**
Vielleicht wird aus dem anfänglichen Frosch ja doch noch ein Prinz. Erinnern Sie sich kurz an die Gründe für Ihre Verabredung. Irgendetwas hat Ihnen an diesem Mann so gut gefallen, dass Sie sich auf ein Date mit ihm eingelassen haben, und das sollte nicht nur sein Foto gewesen sein. Studien haben ergeben, dass bei Paaren, die sich über Anzeigen oder Internet kennengelernt haben, häufig der Mann die Frau anfangs gar nicht begeistert hat und sich erst eine Weile ins Zeug legen musste, um ihr zu beweisen, dass er der Richtige ist. Geben Sie ihm also eine Chance, sich bei Ihnen doch noch ins Spiel zu bringen.

Tipp 4: **Flirten Sie, was das Zeug hält**

Benutzen Sie den Mann als Trainingsobjekt und probieren Sie all Ihre Flirttricks an ihm aus. So nutzen Sie Ihre Zeit sinnvoll, amüsieren sich und lernen nebenbei etwas dazu. Sicher fällt es Ihnen bei einem Mann, der nicht ganz Ihrem Beuteschema entspricht, viel leichter, alle Register zu ziehen.

Tipp 5: **Lassen Sie Milde walten**

Sehen Sie die Sache doch mal so: Er hat geschummelt, um Ihnen zu gefallen, und dabei ein bisschen übertrieben. Vielleicht entdecken Sie in ihm nach und nach einen derart liebenswerten Menschen, dass Sie ihm seinen schludrigen Umgang mit der Wahrheit verzeihen können. Falls nicht, nutzen Sie die Chance und fragen Sie ihn, wie es zu der großen Diskrepanz zwischen seiner Beschreibung und der Wirklichkeit kommen konnte. Auch das wird Ihnen eine weitere spannende Geschichte bescheren. Ob Sie diese ins Internet stellen oder damit Ihr nächstes Date unterhalten wollen, bleibt natürlich Ihnen überlassen.

Der Mann langweilt Sie

Tipp 1: **Übernehmen Sie**

Bevor Ihnen die Augen zufallen, sollten Sie die Initiative ergreifen. Drehen Sie das Gespräch in eine andere Richtung, indem Sie ihm interessante und überraschende Fragen stellen. Werden Sie persönlich und locken Sie den Mann aus der Reserve. Sie werden sehen, es lohnt sich.

Tipp 2: **Überraschen Sie ihn**
Nehmen Sie all Ihren Mut zusammen, und stellen Sie ihm eine indiskrete Frage. Auch Männer, die über Geld, Politik oder Sport schwadronieren, sind sexuelle Wesen und Flirt-opfer. Wenn nicht, sollten Sie schleunigst herausfinden, warum dieser Mann sich überhaupt mit Frauen verabredet.

Tipp 3: **Prüfen Sie, ob er ein Macher ist**
Manche Männer sind keine guten Redner, dafür aber Macher. Schlagen Sie eine Aktion vor, einen Ortswechsel, ein Tänz-chen oder ein Spiel. Wenn Ihr Begleiter hier ebenfalls nicht punkten kann, fragen Sie ihn einfach, was er gern tut.

Tipp 4: **Prüfen Sie, ob Sie einem Wolf im Schafspelz begegnet sind**
Es gibt zwar nicht wenige Wölfe in Schafspelzen, aber es gibt auch genügend Schafe in Schafspelzen. Bestellen Sie Wodka oder fragen Sie ihn nach seinem verrücktesten Erlebnis. Wenn das ein verpasster Bus im Harz war, dann stehen Sie neben einem Schaf.

Sie sind interessiert, er wirkt desinteressiert

Auch das kann vorkommen. Ich weiß, einseitiges Interesse ist schwer zu ertragen, vor allem wenn man selbst in der Position des Interessierten ist. Doch versuchen Sie es wieder einmal nicht als Niederlage, sondern als Erfahrung zu betrachten.

Tipp 1: **Bleiben Sie selbstbewusst**
Denken Sie positiv und selbstbewusst und lesen Sie Ihr Zen der ersten Verabredung. Sie können gar nicht jedem Mann gefallen, selbst Angelina Jolie und Heidi Klum können das nicht. Abgesehen davon geht es hier vorerst nur um einen Flirt.

Tipp 2: **Bleiben Sie wachsam**
Denken Sie an Ihre zurückliegenden Beziehungen oder befreundete Paare, außerdem an die vielen Männer, die Sie kennen. Sicher fallen Ihnen einige ein, denen es schwerfällt, Gefühle und Gefallen auszudrücken. Männer sollten Komplimente machen können, aber Männer sollen so vieles können und beherrschen nun mal nicht alles. Es ist also gut möglich, dass Sie Ihrem Gegenüber sogar sehr gut gefallen, er es Ihnen aber nicht mitteilt. Denn umso mehr einem der andere beim ersten Date gefällt, desto nervöser wird man. Beobachten Sie, ob er desinteressiert an Ihnen oder nur nervös ist, und helfen Sie ihm mit Nettigkeiten über die Nervosität hinweg.

Tipp 3: **Locken Sie ihn aus der Reserve**
Das ist natürlich leichter gesagt als getan, wenn Ihr Gegenüber keinerlei Signale an Sie aussendet. Die direkte Frage, ob er schüchtern sei, wird er Ihnen jedoch bestimmt beantworten, wenn Sie ihn damit überrumpeln. Falls er fragt, wie Sie denn darauf kommen, dann sagen Sie ihm ruhig unverblümt, dass er sich zurückhaltend verhält.

Tipp 4: **Wenn es gar nicht geht, ergreifen Sie die Initiative und brechen Sie auf**

Selbst wenn Sie ein frühes Ende des Abends nur antäuschen, werden Sie erfahren, ob Sie ihm tatsächlich nicht gefallen. Lässt er Sie ohne Kampf oder Kommentar ziehen, können Sie sich mit dem Gedanken trösten, dass Sie es so immerhin früh genug erfahren haben und nun ohne Gesichtsverlust aus der Nummer herausgekommen sind – denn Sie wollten ja gehen. Wenn Ihr Kavalier staunt, Sie zurückhalten oder sogar die nächste Verabredung mit Ihnen planen will, lagen Sie falsch mit der Annahme, dass er nicht wollte. Sie sehen: Zu gehen ist ein guter Indikator für den Stand der Dinge.

Tipp 5: **Lassen Sie sich von ihm begleiten**

Vielleicht sind Sie ja nicht sein Typ, aber Sie sind und bleiben eine Frau und seine Verabredung. Er hat sich also wie ein Gentleman zu verhalten. Bestehen Sie darauf, dass er Sie nach Hause fährt – oder wohin auch immer Sie wollen. Das ist gut für Ihr Ego und Ihren Komfort. Außerdem können Sie sich an einem Ort absetzen lassen, der ihm beweist, dass Sie ab sofort ohne ihn Spaß haben werden. Mit den Söhnen anderer Mütter, wie es so schön heißt.

Alles war schön, aber dann beging er einen schwerwiegenden Fehler

Auch diese Situation ist nicht selten. Wir Männer bewegen uns ständig auf einem Minenfeld, wenn wir mit Frauen in Kontakt treten. Einerseits wissen wir von der fast übermenschlichen weiblichen Toleranz uns gegenüber. Wir kennen Paare, bei denen sich der männliche Teil scheinbar alles erlauben darf und dafür auch noch abgöttisch geliebt wird. Dieser Mann befindet sich jedoch in einem Stadium, von dem Sie bei Ihrem ersten Date noch meilenweit entfernt sind: Er wird als Partner akzeptiert und geliebt. Neuzugänge dagegen werden einer intensiven Prüfung unterzogen und bestehen diese oft nicht. Sehr häufig verliert der Anwärter seine Chance durch einen Fehltritt, von dem er nicht einmal ansatzweise ahnt, dass er der Herzdame negativ aufgefallen ist.

Tipp 1: Genießen Sie den Tag oder Abend weiterhin

Ihr Begleiter hat etwas gesagt oder getan, was Sie verunsichert hat oder stört? Tun Sie vorerst so, als hätten Sie es nicht bemerkt. Vielleicht bügelt er den Fehler ja im Laufe des Abends wieder aus und spielt sich zurück in Ihr Herz?

Tipp 2: Forcieren Sie eine Wiederholung des Ausrutschers

Ein Beispiel: Ihr Flirtobjekt hat zwar dem Kellner keinen Cent Trinkgeld gegeben, doch vielleicht bedenkt er anschließend den Taxifahrer sehr großzügig. Nun könnten Sie ihn fragen, was es damit auf sich hat, und sind sicher schon etwas erleichtert, da er nicht per se geizig ist.

Oder er hat etwas Unerhörtes und nicht Tragbares gesagt. Lenken Sie das Thema erneut darauf, um herauszufinden, ob Sie sich beim ersten Mal eventuell verhört oder ihn missverstanden haben.

Tipp 3: **Wenn es um Äußerlichkeiten geht, dann sehen Sie genau hin**

In meinem Bekanntenkreis hätte eins der schönsten und harmonischsten Paare beinahe nicht zueinander gefunden. Sie, meine Freundin S., hatte sich bei der ersten Begegnung innerhalb von Sekunden entliebt, als sie seine scheinbar schwarz verfärbten Zähne bemerkte. Der Grund war jedoch eine Lakritzschnecke, die ihm zwischen den Schneidezähnen klebte. Erst ein gemeinsamer Freund konnte sie davon überzeugen, ihn ein zweites Mal zu treffen und dieses Missverständnis aufzuklären.

Ein anderer Mann ist attraktiver als Ihr Date

Stellen Sie sich folgende Situation vor: Sie treffen sich mit Ihrer Verabredung auf einer Vernissage und müssen kurz darauf feststellen, dass Sie im Paradies gelandet sind. Sie befinden sich unter mehreren potenziellen Traummännern, und jeder von ihnen scheint interessanter zu sein als derjenige, mit dem Sie verabredet sind. Natürlich können Sie jetzt mit dem Schicksal hadern oder sich über Ihr schlechtes Timing ärgern. Sie können sich genervt fragen, wieso Sie schon lange Zeit keinen attraktiven Mann mehr getroffen haben und ausgerechnet Ihr erstes Date unter solchen Bedingungen stattfinden muss. Oder Sie denken pragmatisch, nämlich: «Der Rasen des Nachbarn wirkt immer grüner als der eigene», und lernen Ihren Begleiter erst mal besser kennen.

Also machen Sie sich nicht verrückt und lassen sich Ihren neuen Interessenschwerpunkt nicht anmerken.

Tipp 1: **Bleiben Sie gelassen**
Sie haben ein Date, also verderben Sie es sich nicht selbst, indem Sie sich die ganze Zeit fragen, ob Sie an anderer Stelle womöglich etwas verpassen.

Tipp 2: **Bleiben Sie Ihrer Verabredung gegenüber aufmerksam, hören Sie zu, was er zu erzählen hat, und lassen Sie sich auf ihn ein**
Möglicherweise kann er so am Ende des Abends den verlorenen Vorsprung zur Konkurrenz aufholen oder sogar als Gewinner über die Ziellinie preschen. Falls Ihr Date doch nur das Zeug zum «lahmen Gaul» haben sollte, merken Sie sich bitte die Adresse der Galerie und lassen Sie sich regelmäßig einladen.

Es ist nicht Ihr Tag

Vielleicht haben Sie schlecht geschlafen, mit einem Virus zu kämpfen oder sind ganz einfach miserabler Stimmung. Folgen Sie jetzt nicht dem ersten Impuls und sagen Sie das Date ab, wenn es nicht ernsthaft schlecht um Ihre Gesundheit steht. Sie haben die Chance, sich etwas Gutes zu tun und einen neuen, interessanten Menschen zu treffen. Möglicherweise ist es genau das, was Ihnen die nötige Zerstreuung verschafft! Also raffen Sie sich auf und motivieren Sie sich selbst. Das kann schon mit einfachen Dingen funktionieren, beispielsweise durch ein besonders ausgiebiges Schönheitsprogramm.

Als ich neulich meine Bekannte Kriemhild auf einer Benefizgala traf, machte ich ihr ein Kompliment für ihre wunderbar in Szene gesetzte Erscheinung. Daraufhin lächelte sie ein wenig müde und sagte: «Phillip, je schlechter es mir geht, umso intensiver fällt die Abendtoilette aus.» Offensichtlich macht Kriemhild alles richtig, denn obwohl sie sich an jenem Abend miserabel fühlte, gaben ihr die Bemühung um eine «perfekte Fassade» und die vielen Komplimente, die sie daraufhin erhielt, den nötigen Halt.

Tipp: **Stürzen Sie sich tapfer in Ihr Date**
Nehmen Sie sich ein Beispiel an Kriemhild und lassen Sie sich von kleineren Wehwehchen nicht abhalten. Tragen Sie Ihren Lieblingslippenstift auf und geben Sie sich besonders viel Mühe mit Ihrer Frisur. Strahlen Sie die Bad-Day-Vibes einfach weg und Ihren Verehrer an!

Er hat einen Tick

Menschen, die unter Stress stehen, neigen zuweilen zu merkwürdigen Verhaltensweisen. Es kann Ihnen also durchaus passieren, dass alles an Ihrem ersten Date großartig erscheint. Vielleicht kann er wunderbare Geschichten erzählen, bringt Sie zum Lachen und erinnert Sie an George Clooney, hat aber offensichtlich ein kleines Problem, das Sie extrem irritiert. Möglicherweise ist es nur eine winzige Hautirritation an der rechten Wange, sicher können Sie da nicht sein, weil er mit den Fingern ohne Unterbrechung daran herumtastet und -nestelt. Dies tut er den ganzen Abend über, bis die Wange vollständig rot ist, ohne es jedoch zu bemerken.

Solche Macken gibt es in vielen Variationen, daher können Sie es ebenso mit einem nervösen «Schnellsprecher» zu tun bekommen wie mit dem berüchtigten «Schrittgreifer», also jemandem, der ständig den Sitz seiner Genitalien korrigiert. Nicht aus der Ruhe bringen lassen, heißt da erst mal die Devise.

Tipp 1: Konfrontieren Sie ihn mit seiner Auffälligkeit

Weisen Sie ihn ruhig auf sein (Fehl)Verhalten hin. Bleiben Sie dabei allerdings charmant und verfallen Sie keinesfalls in einen oberlehrerhaften oder gar mütterlichen Ton. Sie werden entweder feststellen, dass so ein direkter Hinweis wahre Wunder wirken kann, oder aber, dass er – leider – einen Psychotherapeuten nicht ersetzt.

Tipp 2: Falls es nicht besser wird, fragen Sie sich selbst, wie sehr dieser Tick Sie stört

Ist es ganz schlimm, werden Sie selbstverständlich die nächste Gelegenheit nutzen, um sich mit einer guten Ausrede* vorzeitig der Situation zu entziehen. Bleibt das «Drama» im Rahmen, will heißen, Sie können seine Macke ohne Probleme ausblenden und sich weiterhin auf das Gespräch konzentrieren, lohnt es sich, eine imaginäre Liste zusammenzustellen. Auf dieser wägen Sie sachlich, wie eine Bankerin, alle Pluspunkte gegen die Negativeigenschaften ab.

Überwiegen die Eigenschaften auf der Plusseite, haben Sie es hier wahrscheinlich mit einem tollen Mann zu tun, der, wie die meisten von uns, einen kleinen Defekt hat, den er leider nicht besonders gut kaschieren kann.

---

* Clevere Flirterinnen legen sich für solche Fälle ein bis zwei mögliche Ausreden vorab zurecht. Bei Bedarf müssen Sie dann nicht erst lange überlegen oder bleiben gar in einem «Erklärungssalat» stecken.

Sie finden ihn attraktiv – aber nur, wenn er nicht redet

Womöglich klingt die Überschrift wie ein Widerspruch in sich, weil Frauen in der Regel keine Männer attraktiv finden, die unqualifizierte Dinge von sich geben. Anderseits liegen weltweit Millionen Frauen Enrique Iglesias zu Füßen – und jetzt sagen Sie bitte nicht, das liege an den tollen Songtexten.

In diesem Punkt sind die meisten Frauen den Männern ähnlicher, als sie gerne zugeben, und ein attraktives Äußeres veranlasst auch die Damenwelt regelmäßig zu wohlwollender Nachsichtigkeit und kleinen Selbstlügen à la «Eigentlich ist er ja ganz witzig».

Ich kann das sehr gut verstehen. Schließlich müssen Sie den optischen Leckerbissen wegen ein paar nicht ganz so geistreicher Bemerkungen nicht gleich disqualifizieren. Sie sind ja keine verkniffene Kostverächterin, sondern genießen Ihr Date «fürs Auge». An einem tollen Körper und wunderschönen, ebenmäßigen Gesichtszügen sollten Sie sich immer erfreuen können. Bevor Sie ihn also als «hübsch, aber blöd» abhaken, fragen Sie sich, ob er vielleicht nur nervös ist oder versucht, Ihnen zu imponieren.

Tipp 1: **Stellen Sie ihm entlarvende Fragen, bei deren Beantwortung er etwas von seinem Intellekt, Charakter und seiner Sicht der Dinge preisgeben muss**
Fragen Sie ihn beispielsweise nach interessanten Reiseerlebnissen oder nach seiner Lieblingsliteratur – mit Begründung, versteht sich.

Sollten Sie feststellen, dass der Mann tatsächlich keine

Leuchte ist, jedoch an Sympathie gewinnt, liegt die Entscheidung bei Ihnen. Wollen Sie ihn heiraten oder – mit Verlaub – endlich mal wieder guten Sex haben? Für Letzteres machen Sie einfach weiter wie bisher, oder Sie bestellen Getränke. Den bösen Männerspruch von der Frau, die Mann sich angeblich schön trinkt, können Sie emanzipiert adaptieren: Sie trinken ihn sich einfach klug.

Tipp 2: **Seien Sie ehrlich zu sich selbst – und auch zu Ihrem Begleiter**
Ist der Fall so hoffnungslos, wie er sich zu Beginn ankündigte, und Sie finden den Mann nur noch «unterirdisch», sollten Sie keine Minute länger in Ihr hirnloses Gegenüber investieren. Verabschieden Sie sich mit einer simplen Entschuldigung – das sollte in diesem Fall ausreichend sein.

Er ist attraktiv, kann sich aber nicht bewegen

Das kommt häufiger vor, als man glaubt – und nicht nur bei Männern! Wie Sie wissen, verbringen wir einen Großteil unserer Zeit nahezu bewegungslos, beispielsweise vor dem Schreibtisch und danach vor dem Fernseher. Diese einseitige Lebensweise hat ihren Preis und geht nicht spurlos an uns vorüber. Manchmal werden unsere Körper mit der Zeit steif und ungelenk, vor allem wenn wir nicht für sportlichen Ausgleich sorgen. Dann gibt es da noch Menschen, deren Bewegungen scheinbar von Geburt an eckig, hölzern oder ungeschickt sind – egal wie sportlich sie auch sein mögen. Andere wiederum bewegen sich seltsam, weil sie Hemmungen haben oder mit ihrem Körper unzufrieden sind, und dann gibt es noch diejenigen, auf die scheinbar alles gleichzeitig zutrifft.

Ich weiß von Frauen, dass Tanzen ein wichtiges Beurteilungskriterium für sie ist, wenn es darum geht, vorab etwas über die Bettqualitäten eines Verehrers herauszufinden. Egal ob Sie auf diese Methode schwören oder sie als Humbug abtun, was zählt, ist der Gesamteindruck. Und selbst der schönste Mensch irritiert nun mal, wenn er oder sie eine schreckliche Stimme hat oder sich eigenartig bewegt.

Daher kann es Ihnen passieren, dass Sie beim ersten Date einen gutaussehenden Mann treffen, dessen Motorik Sie an einen rostigen Roboter erinnert und nicht an den geschmeidigen Sportstypen, für den er sich ausgab und der er möglicherweise auch ist. Wie bereits erwähnt muss sich dies nicht ausschließen. Nur weil er sich nicht mit katzenhafter Eleganz bewegt, heißt das noch lange nicht, dass er auch in anderen, nun ja, körperbetonten Angelegenheiten gänzlich unbegabt ist.

Tipp 1: Tragen Sie dazu bei, die Situation zu entspannen

Vertreiben Sie mögliche Unsicherheiten und anfängliche Hemmungen durch konsequenten Optimismus und Verbreitung guter Laune.

Tipp 2: Fassen Sie ihn an

Ich spreche hier selbstverständlich von kleinen, vertrauensbildenden Maßnahmen und nicht etwa von einem dominanten «Frontalangriff». Berühren Sie vielmehr einen Moment lang seinen Arm oder die Schulter, denn hierbei handelt es sich um die sprichwörtlichen kleinen Gesten mit großer Wirkung.

Tipp 3: **Stellen Sie sich diesen Mann**
in einer anderen Situation vor
Vielleicht hat Ihr ungelenker Herzbube sehr großes Pech
gehabt mit dem Ort, den Sie für das erste Date ausgewählt
haben. Weil er ein Kavalier ist, hat er trotzdem zugestimmt,
mit Ihnen eislaufen, klettern, Volleyball spielen oder tanzen
zu gehen. Nun muss er sich Ihnen von seiner schwächsten
Seite präsentieren. Gönnen Sie sich beiden eine Pause und
fragen Sie ihn aus, wo seine Stärken liegen. Wenn er daraufhin sagt: «Ich tanze gut», hat er offensichtlich auch noch eine
gestörte Selbstwahrnehmung.

Er ist nicht er selbst

Manche Männer eifern einem Idealbild nach, das, vorsichtig
ausgedrückt, nicht mehr zeitgemäß oder realitätsnah ist und
daher bei Frauen einen schlechten Eindruck macht. Oft ruft
es auch unangebrachte Gefühle hervor, wie etwa Mitleid oder
das berüchtigte Fremdschämen. Vielleicht hatten Sie sich mit
einem vielversprechenden, modernen Mann im Internet verabredet, und bei der ersten Begegnung erleben Sie die große
Überraschung. Sie treffen auf jemanden, der Ihnen, wenn
Sie so wollen, als Laiendarsteller gegenübertritt und sich aus
unerklärlichen Gründen benimmt wie Clint Eastwood oder
John Travolta. Sie wissen, wie sehr «aufplustern» zur männlichen Selbstdarstellung gehört und dass Männer dabei mit-
unter übers Ziel hinausschießen. Noch tragischer wird die
Situation allerdings, wenn es Ihrem Selbstdarsteller an Selbst-
reflexion mangelt.

Solche Menschen erlebt man beispielsweise singend, mit

großer Selbstsicherheit, auf der Bühne einer Casting-Show, obwohl sie dies eindeutig nicht beherrschen. Grobe Fehleinschätzungen des eigenen Könnens sind kaum erträglich und wirken oft würdelos. Wenn Sie bei Ihrer ersten Verabredung zum Publikum einer fragwürdigen Show werden, hilft nur eins: Humor!

Tipp 1: **Lachen, lachen, lachen**
Betrachten Sie die Situation mit etwas Abstand und lachen Sie herzlich über die Absurdität und auch über Ihre eigene «grandiose» Menschenkenntnis. Sie haben sich schließlich freiwillig mit ihm verabredet, Ihnen muss also etwas an ihm gefallen haben – irgendetwas.

Tipp 2: **Entlarven Sie ihn**
Konfrontieren Sie ihn ehrlich mit dem Verdacht, dass er gerade mit einem auswendig gelernten Satz aus einem Film auf Ihre Frage geantwortet hat. Oder fragen Sie ihn, von welchem Schauspieler er sich die dramatische Art des Trinkens abgeschaut hat. Wenn Sie die Sache weiterhin mit Humor nehmen (und das sollten Sie), kontern Sie ebenfalls mit einer Imitation: Werden Sie zur bezaubernden Jeannie und zaubern Sie sich auf dem schnellsten Wege selbst weg.

Die beste Lösung für die unlösbaren Fälle

Abschließend möchte ich Ihnen raten, gelassen zu bleiben, wenn der Funke einfach nicht überspringen will. Vielleicht hatten Sie ja trotzdem einen gelungenen Abend und sind sich beide recht schnell einig, dass aus Ihnen kein Liebespaar wird.

Sehen Sie ein Date immer als Herausforderung, bei der Sie zwar viele Dinge richtig machen, aber selbst mit dem größten Ehrgeiz keine garantierten Gewinne einstreichen können.

Wenn Sie auf einen Mann getroffen sind, der sich für Sie begeistert, von dem Sie aber so wenig begeistert sind, dass Sie noch nicht einmal an einer Bekanntschaft interessiert sind, sollten Sie gehen und diese Verabredung als weitere interessante Erfahrung abhaken.

Tipp: **Haben Sie keine Angst, ehrlich zu sein**
Besonders wenn Sie sich in einer aktiven Phase befinden und sich häufiger mit Männern treffen, zum Beispiel weil Sie Mitglied einer Singlebörse im Internet sind, dann sagen Sie Ihren Begleitern bitte die Wahrheit.

Denn wenn auch Ihr Dating-Partner sich öfter mit Frauen verabredet und im Moment auf der Suche ist, wird er mit dem Umstand vertraut sein, dass man meist mehrere Anläufe benötigt, um den richtigen Partner zu finden. Sie müssen den guten Mann ja nicht gleich beleidigen. Sagen Sie einfach, dass Sie ihn nett finden, aber nach etwas anderem suchen.

Wohnungsfragen – das erste Date zu Hause

Sie besuchen ihn

Wir haben oberflächlich begonnen, also beenden wir unseren kleinen Kurs auch oberflächlich. Wieder geht es darum, was Ihr Flirtpartner anfangs über Sie denken könnte, und wieder gilt natürlich die wunderbare Wahrheit: Einen bis über beide Ohren verliebten Menschen kann nichts in die Flucht schlagen.

Ich hoffe, Sie tragen beide eine rosarote Brille, und alles, was Ihr Herzblatt Ihnen vorsetzt, ist bezaubernd, wunderbar, besonders und in Ihrem Sinne. Mit dem ersten Besuch in der Wohnung Ihrer neuen Flamme erklimmen Sie in der Regel die nächsthöhere Stufe, denn die meisten Menschen verabreden sich erst einmal lieber an öffentlichen Orten. Sie als Frau werden natürlich versuchen, anhand seiner Wohnung neue Erkenntnisse über Ihr Zielobjekt zu sammeln. In jedem Fall ist dies eine gute Gelegenheit, seine bisherigen Lippenbekenntnisse einem Realitätscheck zu unterziehen. Beansprucht seine Expartnerin etwa doch mehr Platz in seinem Leben, als er zugibt? Oder ist die Mutter vielleicht Stammgast bei ihrem Sohn? Ernährt er sich tatsächlich so bewusst, wie er immer wieder erzählt? Ist er ein Reinlichkeitsfanatiker? Verdient er wirklich 5000 Euro netto im Monat, oder war bei den Angaben vielleicht doch eine Null zu viel im Spiel?

Die Wohnung eines Mannes lässt sich lesen wie ein offenes Buch. Mit etwas Glück haben Sie es mit einer romantischen Traumnovelle zu tun, und wenn es nicht so gut läuft, eben mit einem Handbuch für Mikroben- und Bakterienkunde. Was ich Ihnen damit sagen möchte: Der Preis der Wahrheit ist, dass Sie auch Dinge herausfinden werden, die Sie so vielleicht nie herausfinden wollten. Also, seien Sie gewappnet.

Die Mutter

An der Wohnungstür hängt ein handgestickter Willkommensgruß, die Platzdeckchen auf dem Küchentisch sind gewachst und mit niedlichen Tiermotiven bedruckt. Zu allem Übel sieht die Vase im Wohnzimmer auch noch aus, als hätte sie schon zu ihrer Zeit – also in den 50er Jahren – nicht das Zeug zum Verkaufshit gehabt. Vielleicht ist Ihr Gastgeber in Einrichtungsfragen nicht sehr talentiert. Die andere, weitaus bedenklichere Möglichkeit ist die, dass dieses Territorium von Mutti beackert oder – schlimmer noch – bewacht wird.

Das Bad

Die Freude über ein sauberes, wohlgeordnetes Herrenbadezimmer ist schnell getrübt, wenn bei genauerer Betrachtung einige für Männer eher untypische Gegenstände ins Visier der Besucherin geraten. Sie brauchen gewiss keine Ausbildung beim Secret Service, um zu erkennen, dass ein Ladyshaver, die parfümierte Hautcreme oder eine OB-Packung auf dem Toilettenschrank Beweis genug für (verstärktes) Frauenaufkommen im angeblichen Single-Haushalt sind.

Der Kühlschrank

Nicht alle Männer sind schlampig, aber einige schon. Darunter oft diejenigen, von denen man es am allerwenigsten erwartet hätte. Selbstverständlich sind Sie keine Pedantin und können über ein paar Krümel im Kühlschrankfach hinwegsehen, vielleicht auch noch über ein, zwei verschrumpelte Äpfel, nicht jedoch über großflächig verbreitete blaugrüne Schimmelpilzkulturen. In diesem Fall hat jemand eine deutlich geringere Hemmschwelle in Hygienefragen als Sie, weshalb sich unweigerlich die folgende Frage stellt: Suchen Sie einen Partner für romantische Stunden oder jemanden, bei dem Sie sofort anfangen können zu putzen?

Die Überraschung

Kann natürlich alles und nichts sein. Beispielsweise wenn Sie auf dem Schreibtisch oder der Kommode gleich eine ganze Reihe Fotos Ihnen unbekannter Kinder vorfinden. Dabei ist die Chance eher gering, dass es sich um Kindheitsfotos des Gastgebers handelt (es sei denn, Sie haben es mit einem ausgewachsenen Narziss zu tun). Vielleicht handelt es sich ja auch nur um den Neffen oder die jüngere Cousine, wahrscheinlicher ist jedoch, dass Ihr Date bereits Vater ist und bisher offenbar keine Notwendigkeit sah, Sie über diese Angelegenheit in Kenntnis zu setzen.

Der Fusseltest

Das Laminat im Wohnzimmer glänzt, als wäre es vor Ihrem Besuch frisch verlegt worden? Die Bücher im Regal sind streng nach Größe aufsteigend sortiert? Alle Gegenstände und Gebrauchsflächen im Haushalt wirken nicht nur rein, sondern scheinen nach einem mathematischen Muster in der Wohnung platziert? In Küche und Bad riecht es nach antibakteriellen Reinigungsmitteln, und der Gesamteindruck der Wohnung ist vor allem eines: keimfrei?

Hier ist Vorsicht geboten, denn wenn der Mann, der Ihnen die Haustür öffnete, nicht erst vor einigen Tagen eingezogen ist, haben Sie es mit einem Pedanten oder Ordnungsfanatiker zu tun. Womöglich genügt ein winziger Fussel auf der Auslegware, um dem Gastgeber (und damit auch Ihnen) den Tag zu ruinieren, vielleicht gönnt er sich aber auch nur eine professionelle Putzhilfe. Machen Sie einfach einen Test und platzieren Sie einen kleinen Wollfussel in einem unbemerkten Moment gut sichtbar auf der Couch. Ist er tatsächlich ein Ordnungsfanatiker, wird er gar nicht anders können, als den Fussel reflexartig zu entsorgen. Bleibt der Fussel den Abend über am Platz, ist dies ein gutes Zeichen, und er hat sich nur – wahrscheinlich in freudiger Erwartung auf Sie – beim Putzen besonders viel Mühe gegeben.

Er besucht Sie

Natürlich wünsche ich Ihnen, dass Ihr Auserwählter nur Augen für Sie hat, wenn er Sie besucht. Obwohl Frauen eher detektivisch veranlagt sind und Männer sehr häufig über die äußeren Umstände hinwegsehen, wenn sie einmal Gefallen an einer Frau gefunden haben, gibt es dennoch einige Punkte, mit denen eine Frauenwohnung uns Männer in tiefste Verunsicherung stürzen kann.

Niedlichkeiten

Plüschtiersammlungen erwachsener Frauen akzeptieren nur solche Männer, die bereits seit längerem mit einer Kuschelmaus liiert sind – und auch dann oft nur zähneknirschend. Außerdem habe ich eine ganze Reihe von Geschlechtsgenossen, die sehr wenig sehen und in deren Vokabular das Wort «Stil» nicht vorkommt. Diese Männer sind häufig der Meinung, dass es reicht, wenn sich in der Wohnung ein Fernseher, ein Sofa und ein Kühlschrank befinden. Für alles andere ist ihrer Meinung nach die Frau zuständig, und wenn es denn Kätzchen, Mäuschen oder andere Spielsachen sein sollen, dann soll es eben so sein.

Ich weiß nicht, mit wem Sie kürzlich in Kontakt getreten sind. Wenn es sich um einen Mann handelt, der gerade von seiner verspielten Maus vor die Tür gesetzt wurde und schnellstens bei der nächsten verspielten Maus Unterschlupf sucht, wird er Ihr Spielzeug so selbstverständlich hinnehmen wie die Töpfe in der Küche und die Handtücher im Bad.

Wenn Sie einen Mann treffen, der in Borussia-Dortmund-Bettwäsche und unter einem Nackedeikalender schläft, dann werden Sie sich vermutlich auf «jedem das seine» einigen können. Umgarnen Sie jedoch einen Mann, der in einer durchgestylten Junggesellenbude zu Hause ist, wird er sich beim Anblick Ihrer Niedlichkeiten sofort fragen, wie Ihr Stil mit seinem harmonieren soll. Er wird Angst bekommen, dass Sie aus seinem Design-Wohnzimmer ein Barbie-Haus machen, sollte aus Ihnen beiden etwas werden.

Häuslichkeiten und Scheußlichkeiten

Wenn Ihre Wohnung haargenau so aussieht wie die Wohnung Ihrer Mutter, seiner Mutter oder einer noch viel älteren Dame, dann landen Sie damit nur bei einem Mann, der genau diesen Muttertypus sucht.

Ansonsten finden wir Herren der Schöpfung eine Küche voller Kunstgewerbe und einen Flur, der aussieht wie bei Hausmeister Krause, wie Hausmeister Krause selbst: unerotisch.

Lassen Sie uns kurz bei der Erotik bleiben: Angeraute Biberbettwäsche ist in der Tat schön warm. Doch denken wir dabei in erster Linie an Frauen, die auch Unterwäsche aus Flanell tragen.

Chaos

Ich weiß, das ist jetzt sehr ungerecht, doch ich habe mir sagen lassen, dass selbst die chaotischsten Männer Angst vor chaotischen Frauenwohnungen haben. Die Begründung ist wirklich frech, aber – wie gesagt – ich bin nur der Überbringer der Botschaft: Wenn Sie extrem chaotisch und unordentlich sind, befürchtet der Mann ein Leben im doppelten Chaos. Vielmehr wünscht er sich, dass Sie seins unter Kontrolle bringen.

Dinge, die Frauen zum Leben brauchen, etwa Kleidung und Kosmetik, empfinden wir einerseits als interessant, denn sie gehören zu Frauen und machen sie (meist) noch schöner. Allerdings können wir überhaupt nichts mit herumfliegenden Unterhosen, Strümpfen und Massen an winzigen Fläschchen und Töpfchen anfangen. Ein überfülltes Bad, in dem Mann den Überblick derart verliert, dass er einen simplen Gegenstand wie ein Stück Seife nicht mehr findet, gehört zu den Gründen, aus denen wir eine Frau dann doch lieber in unsere Höhle locken.

Eine penibel ordentliche Frau ruft in einem Mann dagegen die Angst hervor, Sie würden ihn tagtäglich putzend und nörgelnd verfolgen.

All diese Ängste können Sie zum Glück sehr schnell zerstreuen, wenn Sie darüber reden – denn im verliebten Stadium glauben wir Männer euch Frauen nämlich alles.

S 33/4

© Zefa

Liebe und Partnerschaft bei rororo

Warum wir aufeinander fliegen –
und wie wir dabei Bruchlandungen vermeiden

Michael Mary
Lebt die Liebe, die ihr habt
Wie Beziehungen halten
rororo 62451

M. Hassebrauck/B. Küpper
Warum wir aufeinander fliegen
Die Gesetze der Partnerwahl
rororo 61347

H.-W. Bierhoff/E. Rohmann
Was die Liebe stark macht
Die neue Psychologie der
Paarbeziehung. rororo 61669

Robin Norwood
Wenn Frauen zu sehr lieben
Die heimliche Sucht, gebraucht
zu werden. rororo 19100

Wolfgang Schmidbauer
Die Angst vor Nähe
rororo 60430

Die heimliche Liebe
Ausrutscher, Seitensprung,
Doppelleben. rororo 61129

Peter Lauster
Die Erotikformel
Leidenschaftlich leben in
Liebesbeziehungen. rororo 62022

Phillip von Senftleben
Das Geheimnis des perfekten
Flirts
So werden Sie unwiderstehlich

rororo 62397

Weitere Informationen in der Rowohlt Revue oder unter www.rororo.de